어른의 말투

진정한 소통을 향한 여정,
어른의 말투를 찾아서

이탈리아의 시인 단테의 책 《신곡》은 지옥, 연옥, 그리고 천국 편으로 나뉩니다. 그중 〈천국 편〉 제16곡에는 다음과 같은 문장이 있습니다. "고귀함은 금방 오그라드는 망토다. 날마다 다른 천으로 덧대지 않으면 시간의 가위가 조금씩 잘라 버린다." 이 문장에서 저는 진정한 소통을 향한 여정의 첫걸음에 나선 '어른의 말투'와 관련해 하나의 화두를 발견했습니다. 단테의 통찰은 어른의 말투가 지녀야 할 본질을 정확히 짚어 냅니다. 고귀함, 즉 품격 있는 어른의 말투는 정적인 상태가 아니라 끊임없는 노력과 경신을 요구하는 동적인 과정이라는 것 말이죠.

말투는 정성스레 가꿔야 하는 정원과 같습니다. 매일 새로운 '천'으로 덧대듯, 우리는 일상의 대화 속에서 끊임없이 자신의 언어를 다듬고 개선해야 합니다. 단순히 세련된 어휘를 사용하는 것이 아니라, 상황에 맞는 적절한 표현을 선택하고, 상대를 배려하는 어조를 유지하며, 자신의 생각을 명확하고 건설적으로 전달하기 위해 노력할 필요가 있습니다. 이를 게을리하면 '시간의 가위'가 우리의 언어 습관을 무디게 만듭니다. 무심코 내뱉는 말, 고정관념에 사로잡힌 표현, 감정에 휘둘린 언사들은 말투를 훼손시키고 망치는 원흉입니다.

어른의 말투란 고리타분하거나 권위적인 언어 습관이 아닌, 성숙하게 소통할 수 있는 수단으로서의 언어입니다. 이에 관해 이야기하려는 건 그저 개인의 품위를 위해서가 아닙니다. 말투는 타인과의 관계, 나아가 사회 전체의 소통 문화에 영향을 미칩니다. 따라서 어른의 말투를 갖추는 건 개인적 성장을 넘어 사회적 책임의 일환입니다. 그렇기에 우리는 끊임없는 학습과 실천을 통해 어른의 말투라는 아름다운 결과물을 만들어야 합니다. 물론 만만치 않습니다. 말투란 경험에서 우러나오는 지혜, 타인에 대한 깊은 이해와 존중, 그리고 자신의 언어가 미치는 영향력에 대한 인식을 바탕으로 형성되기 때문입니다.

또한 우리는 살아가면서 수많은 대화를 나누고, 그 대화를 통해 관계를 형성하고 유지합니다. 그러나 때로는 우리의 말이 의도와는 다르게 상대방에게 전달돼 오해를 낳거나 관계를 해치기도 하죠. 지금부터 이러한 문제를 해결하고 성숙하고 효과적인 의사소통 방법을 연구해 보기로 하겠습니다.

나이를 먹는다고 해서 어른의 말투가 자연스럽게 얻어지는 건 아닙니다. 그러니 이제부터라도 진정한 어른다운 성숙한 말투를 갖추기 위한 지혜와 통찰을 함께 고민하기로 합시다.

이 책을 통해 많은 분들이 어른의 말투를 습득해 다음과 같은 효과를 얻을 수 있으면 좋겠습니다.

● 인간관계 개선: 성숙한 말투로 소통하면 주변 사람들과의 관계를 더욱 깊고 의미 있게 만들 수 있습니다. 가족, 친구, 직장 동료 등 다양한 관계에서 원활하고 긍정적인 소통이 가능해집니다.

● 자기 성장: 언어 습관을 개선하는 과정에서 자기 내면을 성찰하고 더 나은 방향으로 성장하는 기회를 얻을 수

있습니다. 언어는 생각과 가치관을 반영합니다. 따라서 말투의 변화는 곧 자신의 사고방식과 태도를 바꾸는 것이기도 합니다.

● 사회적 영향력 증대: 품격 있는 어른의 말투는 우리 메시지에 더 큰 설득력과 영향력을 부여합니다. 비즈니스 상황에서든, 일상적인 대화에서든 상대방을 보다 효과적으로 설득하고, 상대방에게 영향을 미칠 수 있습니다.

● 정서적 안정: 긍정적이고 공감적인 언어 사용은 자신과 타인의 정서적 안정에 도움을 줍니다. 부정적인 언어 사용은 스트레스와 불안을 증가시키는 반면, 긍정적인 언어 사용은 정서적 웰빙을 높일 수 있습니다.

● 문제 해결 능력 향상: 효과적인 의사소통 능력은 갈등 상황에서 문제를 원만하게 해결하는 데 큰 도움이 됩니다. 이 책에서 배우는 기술들은 개인적·직업적 영역에서 발생하는 다양한 문제들을 해결하는 데 활용될 수 있습니다.

● 자신감 증진: 적절한 말투와 의사소통 방식을 익힘으로써, 다양한 사회적 상황에서 더 큰 자신감을 가질 수 있게 됩니다. 이는 개인의 전반적인 삶의 질 향상으로 이어집니다.

이 책은 총 다섯 장으로 구성돼 있습니다. 1장 '말을 왜 그렇게 해요'에서는 우리의 말버릇이 어떻게 형성되고, 우리가 무의식적으로 사용하는 언어 습관이 어떻게 우리의 성격과 태도를 드러내는지, 그리고 그것이 타인과의 관계에 어떤 영향을 미치는지를 살펴봅니다. 또한 부정적인 말버릇을 개선하고 긍정적인 언어 습관을 형성하는 방법에 대해 구체적인 조언을 제공합니다. 키워드가 되는 중요 문장은 다음과 같습니다.

"말버릇은 단순한 습관이 아니라 우리의 인격을 드러내는 거울입니다."

"우리의 언어 습관은 우리가 세상을 어떻게 바라보는지를 반영합니다."

"긍정적인 말버릇을 형성하는 것은 긍정적인 삶의 태도를 기르는 것과 같습니다."

다음으로 2장 '그러니까 제 말은…'에서는 효과적인 주장과 설득의 기술, 그리고 상황에 맞는 적절한 표현 방법을 다룹니다. 자신의 의견을 명확하게 전달하는 방법, 상대방을 설득하는 데 필요한 논리적·감정적 접근법, 그리고 상대방의 반응을 고려한 유연한 의사소통 전략 등을 제시합니다. 또한 다양한 상황에서 자신의 주장을 효과적으로 펼치는 실제 예시와 연습 방법을 포함합니다. 키워드가 되는 중요 문장은 다음과 같습니다.

"진정한 설득은 상대방의 마음을 이해하고 존중하는 데서 시작됩니다."

"효과적인 주장은 명확성, 간결성, 그리고 타당성을 갖추어야 합니다."

"상대방의 관점에서 생각해 보는 것은 설득력 있는 의사소통의 핵심입니다."

3장 '이런 말 하기 좀 그렇지만'에서는 어른다운 방식으로 지적을 주고받는 방법을 설명합니다. 상대방의 감정을 고려하면서도 자기의 입장을 명확히 전달하는 방법, 건설적인 비판을 하는 방법 등을 다룹니다. 이를 통해 성숙한 의사소통이 어떻게 관계와 상호 존중을 강화하는지 보여 줍니다. 키워드가 되는 중요 문장은 다음과 같습니다.

"건설적인 비판은 관계를 해치지 않으면서도 성장을

촉진합니다."

"'No'라고 말하는 것은 자신의 경계를 존중하는 것입니다."

4장 '그때 그 일 말인데요'에서는 진정성 있는 사과와 감사의 표현이 관계에 미치는 긍정적 영향을 탐구합니다. 효과적인 사과의 구성 요소, 상황에 따른 적절한 사과 방법, 성숙하게 부탁하고 상대의 체면을 살리되 단호하게 거절하는 방법, 그리고 진심 어린 감사를 표현하는 다양한 방식을 소개합니다. 또한 사과와 감사가 어떻게 관계를 회복하고 강화하는지, 그리고 개인의 성장에 어떤 영향을 미치는지에 대해 심층적으로 다룹니다. 키워드가 되는 중요 문장은 다음과 같습니다.

"사과는 자신의 잘못을 인정하는 용기와 상대방을 존중하는 마음의 표현입니다."

"어른은 상대방의 입장을 고려하며 부탁하고, 정중하게 거절할 줄 압니다."

"감사는 긍정적인 관계의 기초이며, 행복의 원천입니다."

끝으로 5장 '그럴 수 있지'에서는 공감의 중요성과 효과적인 공감 표현 방법을 다룹니다. 공감이 왜 중요한지, 어떻게 상대방의 감정을 이해하고 반응할 수 있는지, 그리고 공감적 듣기의 기술 등을 상세히 설명합니다. 또한 다양한 상황에서 공감을 실천하는 구체적인 예시와 연습 방법을 제공해, 독자들이 일상생활에서 쉽게 적용할 수 있도록 돕습니다. 키워드가 되는 중요 문장은 다음과 같습니다.

"진정한 공감은 상대방의 감정을 인정하고 함께 느끼는 것입니다."

"공감은 단순히 동의하는 것이 아니라, 상대방의 관점에서 세상을 보려고 노력하는 것입니다."

"경청은 공감의 시작이며, 관계의 기초입니다."

단순히 말 잘하는 사람이 되는 것을 목표로 해서는 안 됩니다. 그보다는 우리가 어떻게 살아가고 어떻게 타인과 관계 맺길 원하는지에 대해 깊이 성찰해야 합니다. 어른다운 말투를 익히는 과정은 곧 우리 자신을 성장시키고, 더 나은 세상을 만들어 가는 여정입니다. 언어는 우리의 생각을 형성하고, 생각은 다시 우리의 행동을 결정합니다. 말투를 개선한다는 건 의사소통 능력 향상을 넘어, 삶의 질을 높이는 중요한 과정입니다.

스스로 언어 습관을 돌아보고, 보다 성숙하고 효과적인 의사소통 방식을 익힐 수 있는 기회를 함께 찾아보면 좋겠습니다. 각 장의 내용을 숙지하고 일상생활에서 조금씩, 하지만 꾸준히 실천한다면 더 풍요롭고 만족스러운 인간관계를 마주하게 될 것입니다. 물론 어른의 말투가 하루아침에 완성되는 건 아닙니다. 지속적인 노력과 연습, 그리고 자기성찰의 과정을 통해 점진적으로 형성되겠죠.

이 책과 함께 그 의미 있는 여정을 시작해 보길 바랍니다. 더 나은 의사소통, 더 깊은 관계, 그리고 더 풍요로운 삶을 향한 첫걸음에 이 책이 조금이나마 도움이 된다면 감사하고 또 기쁘겠습니다.

고맙습니다.

어른의 말투, 함께하고 싶은
김범준

• 차례 •

| 들어가는 말 | 005 |

PART 1 | 말을 왜 그렇게 해요
말의 첫인상, 말버릇을 찾아서

습관 1 - 내 말투가 어떤데요   021

습관 2 - 목소리의 볼륨만 낮춰도 사람이 달리 보인다   029

습관 3 - 말의 속도는 곧 배려심이다   037

습관 4 - 웃음에 인품이 담긴다   045

습관 5 - 부정적인 말은 사람을 떠나게 한다   053

습관 6 - 듣기만 잘해도 대화 점수 80점은 받는다   062

습관 7 - 조직에서 성공하려면 조직의 말투를 배워라   068

SUMMARY - 말버릇을 바꾸는 습관 완벽 마스터   076

PART 2 | 그러니까 제 말은…
내 의견을 말할 때 기억해야 할 것들

습관 8 – 말하지 않으면 얻는 것도 없다   081

습관 9 – 말 잘하는 사람은 스몰토크부터 다르다   088

습관 10 – 말의 재료, 단어를 잘 골라야 대화가 맛있다   097

습관 11 – 원하는 말을 하기에 충분한 시간, 120초   104

습관 12 – 웃는 얼굴도 하나의 언어다   111

습관 13 – 상대의 생각을 바꾸는 5단계 언어 기술   120

습관 14 – 사람을 사로잡는 말투의 비밀   130

SUMMARY – 말하기를 시작하기에 앞서 기억해야 할 7가지 팁   136

PART 3 | 이런 말 하기 좀 그렇지만

무례하지 않게 조언하는 법

습관 15 – 조언도 우아하게 할 수 있다면   141

습관 16 – 거침없지만 기분 나쁘지 않은 말투   150

습관 17 – '부티' 나게 지적하는 법   159

습관 18 – 지적할 때도 절대 해서는 안 되는 말   169

습관 19 – 비난하지 않고 원하는 걸 말하기   175

SUMMARY – 서로가 기분 상하지 않게 조언하는 최상의 방법   183

PART 4 | 그때 그 일 말인데요

사과, 칭찬, 부탁, 거절, 감사도 어른스럽게

습관 20 – 신뢰를 높이는 어른의 사과법   187

습관 21 – 현명한 어른이 되는 지름길, 칭찬   192

습관 22 – 나를 낮추며 부탁하고, 상대를 높이며 거절하라   200

습관 23 – 감사하지 않아도 감사합니다   206

SUMMARY – 쑥스러움을 극복하고 어른으로 말하기   213

PART 5 | 그럴 수 있지
이해와 공감의 언어를 향해

습관 24 – 은근하게 가까워지는 말투   217

습관 25 – 상대방이 소중히 여기는 것 인정하기   224

습관 26 – 공감은 하되 선은 넘지 말 것   231

습관 27 – 언어 환경을 관리하라   238

습관 28 – 감정적 공감이 논리적 이해를 이긴다   246

습관 29 – 10가지 해결책보다 괜찮다는 말 한마디   254

SUMMARY – 이성으로 생각하고 감성으로 말하는 법   260

부록 | 실전편

습관 30 – 어른의 말투를 온전히 내 것으로 만드는 법   265

말을 왜 그렇게 해요

말의 첫인상, 말버릇을 찾아서

누구에게나 말버릇은 있습니다. 그 묘한 차이로 인해 어떤 사람에게는 신뢰가 가고, 또 다른 사람에게는 비호감이 생깁니다. 한마디만 나눠 봐도 보인다는 말의 첫인상, 말버릇. 지금 내 말버릇은 호감형인가요?

내 말투가 어떤데요

"

한 사람의 특징은 그 자체로 모두 소중합니다. 다양한 개성을 가진 사람들이 어우러져 이 세상을 이루고, 서로 다른 사람들의 부딪힘 속에서 더 나은 무언가가 탄생하기 때문입니다. 개성의 모자이크가 세상의 아름다움을 그려 내는 것입니다. 사람들은 이왕이면 그 다양성 중에서도 사회적으로 선호하는 좋은 특질을 소유하고 싶어 합니다. 내가 그 좋은 특질을 가지고 있지 않다는 생각이 들면 변화하고자 노력합니다.

하지만 변화라는 건 무척 어려운 일입니다. 오랫동안 가지고 있던 습성을 오로지 개인의 노력으로 바꾸는 일이기 때문입니다. 그러니 좋은 방향으로의 변화에 성공한 사람이 박수 받는 것이겠죠. 그리고 사람들은 그런 사람을 본받고 싶어 합니다. 성장하는 사람, 이는 진정한 어른의 모습입니다.

멋진 어른이 되기 위한 변화의 씨앗은 자아 성찰의 토양에서 자랍니다. 우리는 끊임없이 자신을 발전시키고 개선하려는 내재적 동기를 지니고 있습니다. 우리가 품격 있는 말투, 어른다운 말투를 갖추기 위해 노력하는 것 역시 이런 자기 성장의 욕구에서 비롯된 것이라 할 수 있습니다. 언어는 영혼의 거울이요, 말투는 성장의 지표입니다. 자기 성장의 욕구를 지닌 사람이라면 반드시 품격 있는 말투를 갖춰야 합니다. 어떻게 해야 할까요.

우선 자신의 말버릇부터 알아야 합니다. 사람마다 얼굴이 다르듯 목소리도 다르고 말버릇, 즉 억양, 톤, 크기, 속도, 자주 쓰는 어휘 등이 다릅니다. 이를 알기 위해 해 보면 좋은 게 바로 '자기 목소리 듣기'입니다. 방법은 간단합니다.

먼저, 누군가와 대화할 때 상대방에게 양해를 구하고 녹음을 합니다. 그리고 나서 나중에 이를 들어 보는 것입니다. 너무 쉽다고요? 그런데 이게 만만치 않습니다. 상대방에게 양해를 구하고 녹음하는 건 어렵지 않습니다. 문제는 녹음된 자신의 목소리를 찬찬히 듣는 데 있습니다. 내 목소리를 듣는 게 생각보다 굉장히 오글거리고 또 어색합니다. 하지만 나의 말투를 좀 바꿔 보고 싶다, 그게 아니더라도 내 말투에 변화가 필요한지 알고 싶다면 이것부터 시작해야 합니다. 자신의 소리에 귀를 기울이는 것이 곧 성장의 시작입니다.

'품격 있는 말투를 갖춰야겠다!'라고 결심한 어떤 분이 있습니다. 그는 다음과 같은 계기에서 자신의 목소리를 들어 보기로 했습니다.

"원래 인간관계에 큰 의미를 두며 살지는 않았어요. 그런데 의도치 않게 사람들과 갈등을 겪는 일이 생기더라고요. 내 진심은 그게 아닌데 오해를 받는 경우도 생기고요……. 원인이 뭘까 고민하다 보니 제 말투가 문제인 것 같았어요. 저는 말이 빠르고, 목소리 톤이 높아요. 흥분하면 목소리가 커지고요. 그런데 회사에서 인간관계가 원만한 분들을 관찰해 보니 목소리가 차분하고 편안하더라고요."

이분은 일단 자기(자아) 인식self-awareness 역량을 갖춘 듯합니다. 자기 인식이란 자신의 감정, 생각, 행동 등을 객관적으로 바라보고 이해하는 능력을 말합니다. 자기 인식은 변화의 나침반입니다. 이분의 경우 자신의 말투가 인간관계에 어떤 영향을 미치는지 인식하면서부터 변화의 필요성을 느끼기 시작했습니다. 그러자 인간관계가 원만한 사람들에게 관심을 갖게 됐고, 그들의 목소리에 주목했습니다. 그들은 모두 목소리 톤이 높지 않고, 말이 빠르지 않았는데, 특히 둘이 있을 땐 속삭이듯 조용하고 차분히 대화하는 걸 발견했다고 합니다. 그리고 자신도 그런 목소리를 원하게 됐습니다. 그래서 자신의 목소리를 들어 보기로 결심합니다.

"그때부터 연습했어요. 소리를 내어 책 읽는 목소리를 녹음해 들으면서 억양과 빠르기를 관찰했고, 가끔 통화 내용을 녹음해서 대화할 때 내 목소리를 들어 보기도 했죠. 이런 과정을 반복하니 제 말투의 패턴이 보이더라고요. 말이 길어지면 목소리가 높아졌고, 목소리가 높아지면서 속도까지 빨라졌어요. 잘못된 말하기 습관을 인지하고 나니까 의식적으로 목소리를 낮추는 게 가능해졌습니다. 말이 빨라지려는 조짐이 보이면 숨을 한 번 쉬고 속도를 줄였죠. 이렇게 몇 달 노력했더니 신기한 일이 일어났어요. 늘 고민이던 회사 구성원들과의 인간관계가 잘 풀리는 거예요."

이는 성찰적 실천reflective practice의 좋은 예입니다. 성찰적 실천이란 자신의 경험을 반성하는 마음으로 검토하고, 그로부터 배운 것을 실제 행동에 적용하는 것을 말합니다. 이분은 자신의 목소리를 녹음해 듣는 과정에서 문제점을 발견하고, 이를 의식적으로 개선하기 위해 노력했습니다. 그 결과 실제 인간관계에서 긍정적인 변화를 만들어 낼 수 있었습니다. 여기에서 어른다운 말투의 기술을 하나 발견하게 됩니다 (뒤에서 자세히 살펴볼 기술이기도 합니다). '목소리 큰 놈이 이긴다.'라는 옛말도 요즘엔 통하지 않는다는 것입니다. 목소리가 작고, 낮고, 차분해도 그 속에 꽉 찬 무언가가 있는 사람들이 진짜 이깁니다. 흥분되는 상황에서도 낮고 차분한 목소리 톤을 유지하는 방법을 알고 싶다면, 자신의 목소리를 반복해서 들으며 거슬리는 점을 고쳐 보세요.

말투는 나라는 자아의 옷과 같습니다. 그리고 말투를 조절하는 건 옷을 수선하는 바느질이라고 할 수 있습니다. 우리는 자신의 말투를 모니터링하고 조절함으로써 더 효과적으로 의사소통할 수 있습니다. 자신의 목소리를 녹음해 듣고, 문제점을 인식하며, 의식적으로 말투를 조절하는 과정은 말투 조절 능력을 기르는 데 큰 도움이 됩니다.

자기 목소리 객관적으로 듣기

다만 앞서 말했듯 녹음된 자기 목소리를 들어 보면 꽤 어색합니다. 내가 그동안 인지하고 있던 내 목소리와 완전 다르기 때문입니다. 사람은 자신의 목소리를 내부 기관을 통해 듣습니다. 그래서 더 깊고 풍부하게 들립니다. 녹음된 목소리는 어떤가요? 상대적으로 더 가볍고 얇게 느껴질 것입니다. 그 때문에 누구나 처음 녹음된 목소리를 들었을 때는 '다른 사람은 내 목소리를 이렇게 알고 있다고?' 하고 당황하게 됩니다.

언젠가 세계적인 팝가수가 한 인터뷰에서 "나는 매일 내 노래를 녹음해서 듣는다. 그래야 내 목소리를 객관적으로 평가할 수 있고, 더 나은 가수가 될 수 있다."라고 말한 것을 본 적 있습니다. 그에게 자기 목소리 듣기는 자기 성찰과 성장의 도구인 셈입니다. 한 정치인의 이야기도 흥미롭습니다. 명연설로 유명한 그는 연설을 준비할 때 항상 자신의 목소리를 녹음해 들었다고 합니다. 그는 "나는 녹음을 들으며 내 목소리의 장단점을 분석한다. 그래야 청중을 사로잡는 연설을 할 수 있다."라고 말합니다. 그에게 자기 목소리 듣기는 대중과 소통하는 힘을 기르는 방법입니다.

'자신이 아는 것과 모르는 것을 자각해 스스로 문제점을 찾아내고 해결하며 자신의 학습 과정을 조절할 줄 아는 능력'을 메타인지metacognition라고 합니다. 미국의 발달심리학자 존 플라벨J. H. Flavell이 창안한 이 용어는 한마디로 '내가 모르는 것이 무엇인지 냉정하게 판단한 뒤 이를 채우기 위한 또 다른 계획을 구상하는 일련의 과정'이라고 할 수 있습니다. '자기 목소리 듣기'야말로 단순한 습관 변화를 넘어서는 일종의 메타인지적 접근법입니다. 이 방법을 통해 우리는 자신의 의사소통 패턴을 객관적으로 관찰하고 평가할 수 있습니다. 자신의 말하기를 녹음하고 듣는 과정에서 평소에 인식하지 못 했던 습관이나 문제점을 발견할 수 있으며, 이를 바탕으로 의식적인 개선이 가능해집니다.

자기 목소리 듣기는 결국 자기 성장을 위한 효과적이고 실용적인 도구입니다. 자기 목소리를 녹음해 들으면서 자기 목소리에 대한 인식을 바꾸고, 품격 있는 말투를 스스로 찾아봅시다. 목소리에 불편함을 느낀다면 그 목소리를 듣는 상대방도 불편함을 느낄 수 있다고 생각하면서 자신의 목소리를, 말투를 가다듬는 시간을 가져 보는 건 어떨까요. 목소리를 들여다보는 것, 그것이 어른의 말투로 가는 첫걸음입니다. 용기를 내 휴대전화의 녹음 버튼을 누르세요. 그리고 자신의 목소리에 귀 기울이세요. 그 속에서 당신은 새로운 자신을 발견하게 될 것입니다.

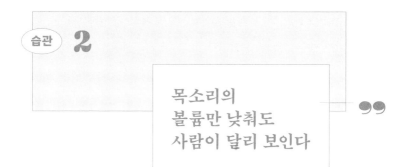

목소리의
볼륨만 낮춰도
사람이 달리 보인다

언어는 세대 간 간극의 거울과도 같습니다. 그 안에서 우리는 서로의 차이를 발견합니다. 이 차이, 받아들여야 합니다. 하지만 솔직히 좀 기분 나쁠 때도 있습니다.

"나이 들면 셋 이상은 모이지 않았으면 합니다. 친구와 얘기 좀 해 보겠다고 카페에 앉아 있다가도 중년 아저씨, 아줌마 들이 우르르 들어오면…… 아, 끝났구나, 하는 생각이 들거든요. 특히 나이 든 아저씨들! 말이 너무 거칠어요. 부끄러울 법한 이야기들을 거침없이 하면서 낄낄대는데, 제가 다 민망할 지경이라니까요. 아줌마들도 마찬가지예요. 목소리가 어찌나 큰지. 혼자 공부할 때 이어폰을 꽂고 있어도 다 들릴 정도예요. 그 아줌마들, 또 얼마나 오래 계시는지……. 엄마, 아빠 같은 분들이지만 아줌마, 아저씨 들이 문 열고 들어오는 순간 저는 긴장합니다. 특히 몇 명이 무리를 지어 들어오면 저는 노트북 접고 다른 카페로 가야 하나 잠시 고민하기도 합니다."

＊

젊은 대학원생의 이야기였습니다. 여기서 핵심은 결국 '세대 간 소통의 어려움'입니다. 세대 간에는 물론 가치관, 행동 양식, 언어 사용 등에 차이가 있기 마련입니다. 이 상황은 이런 차이가 갈등으로 표출된 사례라고 할 수 있습니다. 공적인 공간에서의 언어 사용, 말투 등에 대한 세대 간 인식 차이는 종종 불편과 마찰을 일으킵니다.

혹시 이 이야기를 듣고 '맞아!'라고 생각한다면 아마 당신은 20대 혹은 30대일 것입니다. '뭐야, 기분 나쁘게.'라고 느낀다면 40대, 50대 혹은 60대일 것이고요. 저요? 당연히 후자입니다. 그래서 조금, 아니 많이 기분이 나쁩니다. 카페, 대화하려고 가는 것 아닌가? 서로 말하는 게 뭐가 문제라고? 커피 한 잔 시켜 놓고 노트북으로 과제 하며 몇 시간이고 자리 차지하는 게 더 민폐 아닌가? 여러 가지 생각이 듭니다. 하지만 일단 나와 다른 의견에 귀를 기울여 보기로 합니다. 타인 지향적 사고other-oriented thinking를 해 보자는 것입니다. 타인 지향적 사고란 자신의 관점에서 벗어나 타인의 입장에서 생각해 보려는 자세를 말합니다. 이는 자아의 한계를 넘어 세상을 이해하는 창문이 됩니다. 세대 간 갈등을 해소하기 위해서는 자신과 다른 세대의 관점을 이해하려 노력하는 것이 필수적입니다. 그래서 저는 이 대학원생의 이야기를 좀 더 들어 보기로 했습니다.

> "저희는 그렇게 우르르 카페에 몰려가지 않거든요. 사실 조용한 친구 두세 명 정도는 괜찮은데 그 이상은 대화도 겉돌고, 어쩌다 데시벨 높은 애 하나 껴 있으면 솔직히 카페에 앉아 있는 것도 민망해요. 실내에서는 목소리도 울려서 더더욱. 그래서 많아야 두세 명 정도 카페에 함께 가는 경우가 대부분입니다."

괜히 제가 부끄럽습니다. 공공의 공간은 개인의 자유와 타인의 권리가 만나는 접점과도 같습니다. 이 공간에서 우리가 최소한 '소음 빌런villain'이 돼서는 곤란하지 않을까요. 언젠가 한 커뮤니티에서 공공장소에서 목소리를 높여 대화하거나 주위 사람을 신경 쓰지 않고 큰 소리로 말하는 사람들을 만나면 어떻게 해야 현명할지 조사한 글을 봤는데 제

시된 보기는 크게 세 가지였습니다.

① 종이에 '목소리 좀 낮춰 주세요.'라고 적어서 건넨다.

② 바로 옆자리로 가서 더 큰 소리로 통화한다.

③ 기타(못 본 체한다.)

가슴 아프지만 가장 많은 표를 얻은 것은 ③이었습니다. 못 본 체한다는 것입니다. 여러분은 어떤 선택을 하겠습니까? 평범한, 그리고 착한 시민들 대부분이 그렇습니다. 그냥 참습니다. 노이즈 캔슬링이 되는 이어폰을 귀에 꽂거나 이어폰 볼륨을 올려 버리는 것으로 말입니다. 경험을 통해 아는 것입니다. 소음 유발자들은 글로 혹은 말로 교정될 사람이 아니라는 걸요. 안타깝습니다. 그분들의 무력감과 체념이 느껴집니다. 전쟁보다는 평화를 택한 것이라고 할 수도 있지만 이런 무력감과 체념이 누적되면 사회의 모든 일에 침묵하는 병이 되고, 이는 결국 공동체 전체의 시민의식 수준을 저하하는 요인이 될 것입니다. 이를 막는 건 우리 모두의 몫입니다.

어른의 말투를 멋지게 구사하기는커녕 혹시 공공장소에서 '소음 빌런'이 된 적이 없는지 먼저 돌아보았으면 합니다. 특히 정치나 종교 등 민감한 주제로 주변을 난처하게 한 적은 없는지 살펴보길 조심스레 권합니다. 큰 소리로 내뱉는 정치적 신념과 종교적 믿음은 우리의 어른스러움을 짓밟고, 우리가 따르는 정치와 종교의 이미지까지 오염시킵니다. 첨예한 충돌을 일으킬 수 있는 정치, 종교 얘기를, 내가 모르는 사람을 향해 말하는 사람치고 품격 있는 사람이 없다는 걸 기억하길 바랍니다. 꼭 그런 얘기가 아니어도 식당에서 음식이 맛없다고, 옷가게에서 옷이 별로라고 큰 소리로 말하는 건 어떻습니까? 설사 그게 사실이라 할지라도 자기 성찰이 가능한 사람은 다른 사람에게 의도치 않은 불편을 끼치는 건 아닌지 늘 주의합니다. 조금 더 배려하고, 조금 더 신중하게 행동하면서요.

말하기에 앞서 공간 살피기

이렇게 말하는 저부터 먼저 반성합니다. 저는 목소리 톤이 높은 편이라 볼륨을 높이지 않으려고 평상시에도 신경을 많이 씁니다. 하지만 친구들을 만나면…… 말 그대로 '반흥분' 상태가 돼 목소리를 높이는 경우가 많습니다. 그런 상태에서 계속 대화를 이어가던 저의 과거를 돌아보니 부끄럽습니다. 왜 그랬을까 생각해 보면 저는 상대의 이야기를 듣는 것에 무척 미숙했던 듯합니다. 듣지 않으니 들리지도 않고, 들리지 않으니 제 목소리만 높이게 됐던 것입니다. 말하는 저도 정신이 하나도 없었는데 그걸 바라보고 또 듣는 상대방은 어땠을지…… 어른의 말투란 언어 그 자체는 물론 목소리의 톤과 크기 등도 중요하다는 걸 알아야 합니다. 같은 내용이라도 어떤 톤과 크기로 전달하느냐에 따라 상대방에게 전혀 다른 인상을 줍니다.

특히 세 명 이상 만나 말하는 상황에서는 더욱 조심했으면 합니다. '모여서 저리도 영양가 없는 대화를 하느라 시간을 보내나?'라는 주변의 시선을 받고 있는 건 아닌지 조금은 의식할 수 있으면 좋겠습니다. 자리에 앉아 주위를 한번 정도는 둘러보는 여유와 배려만 있어도, 자신이 속해 있는 그룹의 목소리가 커지는 것 같으면 먼저 나서서 "우리, 목소리 좀 낮추자."라고 말할 작은 용기만 있어도 최소한 주변 사람들로부터 '저 인간들, 완전 민폐네?'라는 시선은 받지 않을 것입니다. 상황 인식situational awareness이 결국 우리의 말투가 어른의 말투인지, 늙은이의 말투인지를 결정하는 것이죠. 상황 인식은 사회적 지혜의 시작이며 이것이야말로 어른다움입니다. 우리는 각자 개인이지만 동시에 사회라는 공동체의 일원이라는 걸 자각해야 합니다. 자신의 만족과 편의만을 추구하기보다 공동체 전체의 행복과 조화를 고려하는 자세, 그런 말투가 필요합니다.

친구들과 오랜만에 만난 자리라고 해서 목소리를 높이지는 않았으면 합니다. 그렇게 목소리를 높이며 하는 말이라는 게 결국 '존재감 배틀', '자랑 배틀', 거기에 '하소연 배틀' 아닙니까? 그런 유의 왁자지껄은 주변 사람들까지 불편하게 만들 수 있다는 점을 기억해야 합니다. 집단 내에서 일어나는 상호작용 패턴과 과정이 거칠수록 그 집단에 속한 개인은 개인으로서의 정체성보다 집단의 정체성에 더 큰 영향을 받게 된다고 합니다. 그런 과정에서 나라는 개인의 행동 기준이 흐려질 수 있는 것이죠. 나 자신만이 아닌 내가 속한 집단의 말투에도 솔선수범해서 통제할 줄 알아야 하는 이유입니다.

세상이 변했습니다. 지나치게 연결이 되는 '초연결 사회'가 되다 보니 오히려 자신만의 시간에는 조용하게 있고 싶은, '핵개인 사회'가 됐다고까지 말할 정도입니다. 서로 모여 함께하는 순간이란 사회적 관계를 맺고 살아가는 우리에게 필요한, 일종의 '힐링 도구'임은 분명합니다. 하지만 큰소리로 나만의 힐링을 주장하는 순간, 누군가의 힐링은 무참히 깨지고 있음도 알아챌 수 있길 바랍니다. 초연결 사회에서 진정한 연결은 오히려 침묵의 가치를 아는 데서 시작됩니다.

우선 작은 실천부터 해 보면 어떨까요? 집 앞 카페에서 목소리의 크기를 조절하고, 주변을 살피는 습관을 들여 봅니다. 마트에서 계산을 요청할 때 직원에게 정중하고도 조용한 목소리로 "계산 부탁드립니다."라고 말해 봅니다. 너무 별 것 아닌 것처럼 느껴지는 이런 일들조차 어려운 사람들이 있습니다.

이런 사소한 말투가 더 나은 세상을 만들 수 있습니다. 세상을 아름답게 만드는 변화의 주체가 된다는 것, 멋지지 않나요. 공적 공간에서 소음을 줄이는 이 작은 일은 세대 간 소통과 공존, 나아가 사회적 조화를 위해 꼭 필요한 태도입니다. 성숙한 어른이라면 자신의 말투가 타인에게 미치는 영향을 항상 의식하고, 특히 공적 공간에서 예의와 배려를 실천할 수 있어야 하겠습니다.

말의 속도는 곧 배려심이다

나이가 들면 말이 많아집니다. 거기에 속도도 빨라지기 마련입니다. 이는 상대방에 대한 배려의 부족으로 보일 수 있습니다. 성숙한 사람은 상대방의 반응을 살피며 천천히, 그리고 진실하게 소통합니다.

천천히 말한다는 것은 상대방을 위한 공간을 만드는 일이기도 합니다. 우리는 대화를 통해 점진적으로 자신을 드러내고 상대방과 친밀해집니다. 이때 말의 속도를 상대방에게 맞도록 적절하게 조절해야 진정한 소통을 시작할 수 있습니다. 말은 관계의 문을 여는 열쇠이며, 적절한 속도는 그 문을 부드럽게 여는 방법입니다.

애초부터 말이 빠른 사람도 있습니다. 그런 사람은 간혹 생각보다 말이 앞서 일을 그르치곤 합니다. 성격이 급해서 그렇다는 변명이 언제까지 통할 수 있을까요? 성격 탓으로 돌리다 문득 주변을 둘러보면 아무도 남아 있지 않을 수 있습니다.

말의 속도와 무게감은 의식적인 노력을 통해 변화시킬 수 있습니다. 그 방법 중 하나는 카피 앤드 페이스트copy & paste, 즉 모방과 실천입니다. 품격 있는 말투를 구사하는 롤모델을 정하고 그 사람의 말투를 따라 하는 것입니다. 모방은 자아 성장의 거울이고 그 안에서 우리는 더 나은 자신과 만날 수 있습니다.

말의 속도에 관한 롤모델로 누가 있을까요. 미국의 전 영부인 미셸 오바마Michelle Obama를 추천합니다. 그는 변호사로서의 경력 덕분인지 논리적이고 설득력 있는 언변을 구사하는 동시에 청중의 마음을 움직이는 감성적인 메시지도 전달할 줄 압니다. 특히 2020년 민주당 전당대회 연설에서 미셸 오바마는 상황과 청중을 고려한 적절한 의사소통을 보여 줬습니다.

그는 당시 미국 사회에 만연한 인종차별 문제를 다루면서, 개인에 대한 비난보다는 사회가 나아가야 할 방향을 제시하는 데 초점을 맞췄는데 이때 그의 핵심 키워드는 "저열함에 품위로 맞서자When they go low, we go high!"였습니다. 연설을 통해 그는 경쟁자에 대한 모욕이 아닌 사회 전체의 발전을 도모하는 자신의 의지를 확실히 했습니다. 품격 있는 어른의 말투였습니다. 내용도 내용이지만 미셸 오바마의 연설에서 저는 속도에 주목했습니다. 그는 단어 하나하나를 차분하게, 어쩌면 조금은 느리게 느껴질 정도로 말했는데 이는 청중에게 여유와 안정감을 줬습니다.

그의 진지하면서도 여유로운 말투는 어떻게 완성된 것일까요. 여러 방법이 있겠지만 우리는 다음의 몇 가지를 고려해서 연습하기로 합니다. 말투의 완성은 의식적 노력의 결실이라는 걸 믿으면서요.

첫째, 호흡 조절하기. 호흡은 말하기의 기본입니다. 깊은 호흡은 말의 속도를 조절하면서도 목소리의 안정감을 높입니다. 여기서 '복식호흡'을 연습하라고는 하지 않겠습니다. 다만 천천히 숨을 들이쉬고 내쉬면서 말하는 연습을 해 보면 좋겠습니다. 일상에서도 의식적으로 깊게 호흡하는 습관을 들이면 말할 때도 여유를 찾을 수 있습니다.

둘째, 문장 끝에서 잠시 멈추기. 문장 사이의 짧은 휴식은 듣는 사람에게 정보를 소화할 시간을 줍니다. 이 방법을 효과적으로 사용하려면, 문장의 끝을 명확히 인식해야 합니다. 연설문이나 원고를 읽어야 하는 상황이라면 문장 끝에 '/' 표시를 해 두는 것이 도움이 됩니다. 연습에 익숙해지면서 자연스럽게 적절한 간격을 유지할 수 있게 될 것입니다.

셋째, 강조하고 싶은 단어에 속도 늦추기. 중요한 단어나 구절을 강조하는 것은 메시지의 핵심을 전달하는 가장 효과적인 방법입니다. 이를 위해 해당 단어를 조금 더 크게, 그리고 천천히 발음하는 게 도움이 됩니다. 예를 들어, "이것은 매우 중요한 사항입니다."라는 문장에서 '매우'와 '중요한'을 강조할 수 있습니다. 또한 강조하고 싶은 단어 앞에서 잠깐 멈추는 것도 효과적입니다.

넷째, 물 한 모금 마시기. 물을 마시는 행동은 단순히 목을 축이는 것 이상의 의미가 있습니다. 자연스러운 휴식을 제공하고, 긴장을 완화하며, 듣는 사람에게도 잠시 숨을 돌릴 기회를 줍니다. 물을 마실 때는 천천히, 우아하게 마시는 것이 좋습니다. 이때 청중의 반응을 살펴보거나 다음에 할 말을 정리해도 괜찮습니다. 물을 자주 마시면 입 안이 촉촉해져서 발음이 더 명확해지는 효과도 있습니다.

다섯째, 문장 길이 조절하기. 긴 문장은 말하는 사람도 숨이 차고, 듣는 사람도 이해하기 어렵습니다. 한 문장에는 한 가지 핵심 내용만 담아야 합니다. 이를 위해 문장을 짧게 만드는 연습을 해 보면 좋습니다. 예를 들어, 긴 문장을 여러 개의 짧은 문장으로 나누어 보는 것입니다. 접속사의 사용은 줄이고, 불필요한 수식어는 제거하고, 그러다 보면 말의 속도도 자연스럽게 조절될 것입니다.

상대방을 존중한다면 적절한 속도로

사람의 인지 과정은 컴퓨터의 정보 처리 과정에 비유할 수 있습니다. 컴퓨터가 그렇듯 인간의 정보 처리 능력에는 한계가 있어서 한 번에 처리할 수 있는 정보의 양이 제한적입니다. 이를 말의 속도와 연관해 본다면 우리가 왜 천천히 말해야 하는지 알 수 있습니다. 너무 빠른 속도로 말하면 듣는 사람은 정보를 충분히 처리하지 못 합니다. 물론 지나치게 느리면 집중력이 떨어질 수 있으니 적절한 속도가 중요합니다. 단순히 천천히 말하는 것이 아니라 상황과 듣는 사람의 특징에 따라 속도를 조절하는 능력이 필요한 것이죠. 예를 들어 보겠습니다.

팀원에게 새로 들어갈 프로젝트에 관해 설명해야 하는 팀장이 있습니다. 팀장이 프로젝트를 제대로 설명하려면 팀원들의 다양한 배경과 경험 수준을 고려해 말의 속도를 조절해야 합니다. 핵심 개념을 설명할 때는 속도를 늦추고 발음은 되도록 명확하게 하며, 각 단계를 설명한 후에는 잠시 멈춰 팀원들이 정보를 처리할 시간을 줘야 합니다. 복잡한 그래프나 도표를 보여 줄 때는 특히 천천히 설명하고, 팀원들의 표정을 살펴 이해도를 확인하면 더욱 좋습니다. 그래야 팀을 이끌어 가는 리더다운 말투로 인정받을 수 있습니다.

상대방의 정보 처리 분량을 고려하는 것 이상으로 유념해야 할 것이 하나 더 있습니다. 대화는 참여자들이 서로의 대화 스타일에 적응하는 과정이라는 사실입니다. 대화가 상호 적응의 춤이라면 속도는 그 춤의 리듬을 맞추는 것과 같습니다. 실제로 사람들은 대화 중 상대방의 언어적·비언어적 행동을 관찰하고 그에 맞춰 자신의 행동을 조절합니다. 이때 서로의 말하기 속도를 맞춰 갈 수 있어야 합니다. 성숙한 어른은 상대방의 대화 스타일을 인지하고 그에 적절히 적응하며 대화를 이어갑니다. 말의 속도뿐만 아니라 톤, 어휘 선택, 비언어적 신호 등 다양한 면에서 적응해야 하는 것이죠.

한 변호사가 의뢰인을 만납니다. 그런데 의뢰인이 긴장을 했는지 말을 더듬습니다. 이런 상황에서 변호사는 어떻게 해야 할까요. 어른다운 성숙한 변호사라면 의뢰인의 다소 빠른 말하기 속도에 맞춰 대화를 시작하면서도 가능한 한 의뢰인에게 편안함을 줌으로써 자신이 의뢰인과 '같은 편'이라는 인식을 심으려 할 것입니다. 여기에 더해 의뢰인이 사용하는 어휘와 표현을 주의 깊게 관찰하고 그에 맞는 용어를 선택하는 한편, 법률 용어를 사용할 때는 의뢰인의 이해도를 고려해 추가 설명을 더함으로써 효과적인 소통 방식을 찾아 나갈 것입니다.

적절한 속도의 여유로운 말투는 듣는 사람에 대한 일종의 존중입니다. 또한 상대방의 존재를 인정하는 철학적 선언과도 같습니다. 자신의 생각만을 강요하지 않는, 상대방의 생각에 대한 이해와 공감이 포함된 것이죠. 이를 위한 효과적인 말하기 속도는 상황·청중·메시지의 성격에 따라 유연하게 조절돼야 합니다.

지금까지 말을 빨리 해 왔는데, 혹은 말을 느리게 해 왔는데 이제 와서 과연 고칠 수 있을까? 아마 쉬운 일은 아닐 것입니다. 하지만 고치고자 하는 마음에 약간의 노력이 더해진다면 못 할 일도 아닙니다. 어른다운 말투는 이론적 이해와 실천적 경험이 조화를 이루어 만들어지는 것입니다. 말의 속도를 조절하는 것 역시 마찬가지입니다. 어른다운 말투의 개발은 평생에 걸친 과정입니다. 지속적인 학습, 연습, 그리고 반성을 통해 상대를 배려한 적절한 말의 속도를 찾을 수 있길 바랍니다.

웃음에 인품이 담긴다

"

좋아하는 가수 한 분이 있습니다. 노래도 잘하고, 입담
도 좋고, 거기에 방송에서 보이는 모습도 늘 편안합니다. 그
런데 어느 날 우연히 TV 예능 프로그램에 나온 이분의 웃
음소리를 듣고 '조금 아쉽다.'라는 생각이 들었습니다. '실력
은 물론이고 인품도 참 괜찮다던데 웃음소리가 좀……' 하는
생각이 스쳐 지나갔죠. 이분은 방송에서 주로 분위기를 살
리는 역할, 즉 패널이나 MC로 활약하기에 어쩔 수 없이 자
신을 연출한 것일지도 모르겠습니다. 예능 프로그램에서 감
초와 같은 역할을 하다 보니 재미있는 장면이 자주 나오는데
그때마다 분위기를 살리려는 의도에서 과한 웃음소리를 내

는 것이겠죠. 그런데 그게 조금 거슬렸습니다.

미국의 심리학자 로버트 여키스Robert Yerkes와 존 도슨 John Dodson에 따르면 인간의 감각 또는 지각의 각성 수준이 너무 높거나 낮으면 수행 능력이 떨어진다고 합니다. 1908년 주변의 압력과 성과 사이의 경험적 관계를 토대로 도출해 낸 이 이론을 여키스-도슨 법칙Yerkes-Dodson law이라고 하는데, 이를 웃음에도 적용해 볼 수 있습니다. 지나친 웃음소리는 감각의 각성 수준을 높여 누군가와의 관계에서 자칫 부정적인 영향을 줄 수 있습니다. 웃음소리가 지나치게 크거나 과장된 사람을 보면 '저 사람 뭔가 좀……' 하고 이상하게 보게 된다는 것이죠. 한마디로 웃음이 오히려 역효과를 낼 수 있는 것입니다.

물론 앞에서 제가 언급한 한 연예인의 모습을 두고 '옳다, 그르다'를 논하려는 건 아닙니다. 그의 밝고 긍정적인 웃음소리가 침울한 누군가에게는 하나의 에너지로 느껴질 수도 있습니다. 다만 웃음소리가 때로는 품위를 좌우하기에 어떤 자리에서는 웃음소리에도 주의를 기울여야 한다는 것입니다. 웃음소리는 우리의 인격과 품성을 나타내는 중요한 요소임을 간과해서는 안 됩니다.

우리 주변에는 웃음소리 하나만으로도 존재감을 뿜어

내는 사람이 있긴 합니다. "누가 지나가다 웃음소리만 들어도 네가 있는 걸 알겠다!"라는 말을 들은 적 있나요? 기억에 남는 웃음소리가 장점으로 발휘될 때도 당연히 있습니다. 밝고 긍정적이며 에너지 넘치는 사람으로 기억에 남을 때 말이죠. 웃음은 한 사람의 서명과도 같습니다. 그 독특함이 자신의 정체성을 나타내기도 하기에 어른스럽게 웃는 법에 관해서도 생각해 볼 필요가 있습니다.

그렇다면 품격 있고 어른스러운 웃음소리의 롤모델은 없을까요? 외국에선 영화배우 톰 행크스Tom Hanks의 웃음이 말 그대로 '모범적'이라고 합니다. 그는 인터뷰나 시상식에서 자주 웃음을 보이는데 생각해 보니 그 웃음소리, 결코 크거나 과장되지 않았습니다. 오히려 부드럽고 온화한 느낌을 주기만 할 뿐입니다. 상대방을 편안하게 만들고, 대화에 긍정적인 에너지를 불어넣는 것이죠. 이런 웃음이야말로 우리가 어른으로서 상대방에게 보여 줘야 할 웃음이 아닐까요. 진정한 품격은 절제에서 나오며 웃음 역시도 그 절제 속에서 어른다움을 찾을 수 있습니다.

물론 우울하게 있는 사람보다는 밝게 그리고 시원하게 웃는 사람이 훨씬 좋은 건 당연합니다. 웃음은 우리의 삶에 활력을 주고 긍정적인 에너지를 전파하는 중요한 역할을 하니까요. 다만, 그 웃음이 상황에 적절하고 상대방을 배려하는 것이어야 한다는 점을 잊지 말자는 것입니다. 웃음소리역시 개성의 일부이지만 그 소리가 상대방에게 소음으로 느껴진다면, 그래서 한 사람의 품격을 좌우하게 된다면 웃음에 대해서도 고민해 봐야 합니다. 웃음은 영혼의 창문과 같습니다. 그 소리의 높낮이가 내면의 풍경을 고스란히 드러낼수 있습니다.

웃는 소리만 들어도 아는 감정, 성격, 가치관

그럼 어떻게 웃는 게 어른다운 웃음일까요. 첫째, 웃음에는 진심이 담겨 있어야 합니다. 억지스러운 웃음은 오히려역효과만 냅니다. 진정성 있는 웃음이어야 상대방에게 신뢰와 호감을 줍니다. 둘째, 상황과 장소를 고려해야 합니다. 예의에 어긋나는 웃음은 상대방을 불쾌하게 만듭니다. 상황에맞는 적절한 웃음을 선택하는 것이 중요합니다. 셋째, 배려의 마음이 필요합니다. 내 감정에만 충실한 것이 아닌, 상대방의 감정을 헤아리고 배려하는 웃음이 돼야 합니다. 그런데궁금합니다. 이렇게 멋지게, 어른스럽게 웃는 사람들이 주위에 얼마나 있을까요? 이번에는 멀리에서 찾지 말고 가까운 곳, 우리나라에서 찾아보기로 합니다.

[CASE 1] 유재석 씨의 부드러운 웃음

유재석 씨는 한국 예능계의 대표 MC로, 그의 웃음은 어른다운 웃음의 전형을 보여 줍니다. 그의 웃음에는 진정성과 배려가 담겨 있어, 시청자들뿐만 아니라 함께 일하는 동료 연예인들에게도 큰 신뢰를 받습니다. 그의 웃음은 상황에 따라 다양한 모습을 보입니다. 때로는 큰 소리로 웃으며 프로그램의 분위기를 띄우기도 하고, 때로는 부드러운 미소로 게스트를 안심시키기도 합니다. 특히 그의 독특한 웃음소리인 '허허'는 상대방을 편안하게 만드는 효과가 있습니다. 실제로 〈놀면 뭐하니?〉나 〈런닝맨〉 같은 TV 프로그램에서 그는 자신의 실수나 어색한 상황을 웃음으로 승화시키는 모습을 보여 줍니다. 이는 자신을 낮추고 상대방을 배려하는 어른다운 웃음의 좋은 예시입니다.

[CASE 2] 송해 씨의 넉넉한 웃음

고故 송해 씨는 한국의 국민 MC로 불리며, 그의 웃음은 세대를 아우르는 따뜻함과 포용력을 지닌 바 있습니다. 특히 TV 프로그램 〈전국 노래 자랑〉에서 보여 준 그의 웃음은 어른다운 웃음의 대표적인 예라고 할 수 있습니다. 돌이켜보면 그의 웃음에는 진심이 담겨 있었습니다. 그는 참가자들의 노래를 들으며 진심으로 즐거워하는 모습을 보였고, 이는 시청자들에게도 그대로 전달됐습니다. 그의 웃음은 억지스럽지 않고 자연스러워, 보는 사람들도 함께 웃게 했습니다. 특히 참가자들의 실수나 어색한 순간에 그의 미소는 더욱 따뜻했던 기억이 납니다. 참가자들의 노래 실력과 관계없이 모두에게 동등한 웃음과 격려를 보냈던, 지금도 다시 듣고 싶은 그만의 웃음소리가 문득 그리워집니다.

[CASE 3] 이영자 씨의 시원한 웃음

이영자 씨는 한국의 대표 코미디언으로, 그의 웃음은 솔직함이 장점입니다. 그는 상황에 따라 다양한 웃음을 보이는데 때로는 큰 소리로 웃으며 프로그램의 분위기를 밝게 만들고, 때로는 따뜻한 미소로 상대방을 위로합니다. 특히 그의 '껄껄' 하는 시원한 웃음소리는 상대방을 편안하게 만드는 효과가 있습니다. 사실 이영자 씨는 한때 연예계 생활에 있어 위기를 맞은 적이 있습니다. 하지만 그는 자신의 웃음만큼이나 긍정적인 자세로 활동을 재개했고, 다시금 본연의 자리로 돌아올 수 있었습니다. 그의 웃음이 다시 그를 연예

계에서 활약할 수 있도록 만든 것은 아니었을까, 하는 생각
을 해 봅니다.

　　웃음은 단순한 소리가 아닙니다. 그 속에는 우리의 감
정, 성격 등이 담겨 있습니다. 또한 우리의 철학과 인생관도
들어 있습니다. 당신의 웃음이 당신의 훌륭한 인격과 성품
을 반영하는 그런 웃음이 되기를 바랍니다. 그리고 상황에
알맞은 우아한 웃음을 통해 어른다운 웃음을 보일 수 있길
바랍니다. 상대방을 배려하고 존중하는 마음, 자신의 감정을
조절하는 능력, 상황을 판단하는 지혜 등 다양한 측면의 '어
른다움'이 가득한 웃음을 세상에 보여 주자는 것입니다. 웃
음 하나가 뭐 그리 중요하냐고 반문할지도 모르겠습니다. 하
지만 웃음은 우리의 삶을 풍요롭게 만드는 소중한 선물입니
다. 이 선물을 아름답게 가꾸어 나가는 것, 그것이 우리가
추구해야 할 어른의 모습입니다.
　　상황에 맞는 적절한 웃음, 상대방을 배려하고 존중하
는 웃음, 진심이 담긴 진정성 있는 웃음…… 이런 웃음을 통
해 우리는 더 나은 관계를 만들고, 더 행복한 삶을 살 수 있
습니다. 웃음이 없는 세상은 생각만 해도 서늘합니다. 그만
큼 웃음은 우리 삶의 중요한 부분입니다. 이제 우리의 웃음

소리에도 귀 기울여 볼 때입니다. 당신의 웃음이 당신의 아름다운 내면을 반영하는, 그런 상징으로 누군가에게 전달되길 바랍니다.

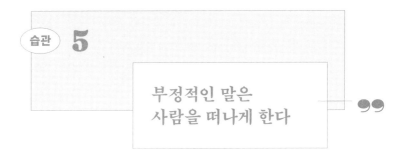

부정적인 말은
사람을 떠나게 한다

'말을 잘하는', 아니 '잘 말하는' 사람이란 어떤 사람일
까요? 잘 말하는 사람이란 '안 좋은 말을 중간에서 먹어 버
리는 사람'이라는 이야기를 들은 적이 있는데 크게 공감했
습니다. 부정적인 말이 귀에 들어왔을 때 그것을 '꿀꺽' 삼
킨 후 자기가 말할 땐 긍정적인 말로 채우는 사람, 생각만 해
도 멋집니다. 긍정 언어 이론Positive Language Theory에 따르면, 언
어는 우리의 사고방식, 감정, 행동에 직접적인 영향을 미친
다고 합니다. 즉, 긍정적인 언어를 사용하면 우리의 마음가
짐과 태도 또한 긍정적으로 변화한다는 것이죠. 어른다운 언
어 사용은 바로 이런 긍정 언어 이론을 실천하는 것이라 할

수 있습니다.

데이트 중인 남녀의 대화를 살펴봅시다.

여자 A ｜ 오늘 우리 영화 보러 갈래?

남자 A ｜ 요즘 보고 싶은 영화 없던데?

여자 B ｜ 오늘 우리 영화 보러 갈래?

남자 B ｜ 그럴까? 무슨 영화 하는지 한번 볼까?

어떤가요. 설령 보고 싶은 영화가 없더라도 "무슨 영화 하는지 한번 볼까?"라고 말하는 게 예의 아닐까요. 연인이기에 더 존중하지는 못할망정, 없는 정도 떨어지게 말하는 남자는 매력 없습니다. 예시 속의 여자 A가 제 지인이라면 빨리 헤어지라고 조언할 것 같습니다. 혹시 다른 사람과의 관계가 늘 흐지부지 끝나고 있다면 자신이 사용하는 언어가 어떤지 되돌아볼 필요가 있습니다. 듣는 사람의 기분까지 팍 상하게 하는 부정적인 어휘로 가득한 것은 아닌지 말이죠.

말투만 긍정적으로 바꿔도 세상이 나를 보는 시선이 달라집니다. 성숙한 말투로의 변화를 꿈꾼다면 일단 긍정적인 언어를 선택하세요. 언어는 현실을 만드는 도구입니다. 긍정어로 더 나은 세상을 만들 수 있습니다.

또 다른 예를 들어 보겠습니다. 당신은 한 회사의 임원입니다. 경력 사원을 뽑기 위해 면접장에 들어갔더니 두 명의 지원자가 경합 중입니다. 면접 과정에서 다음과 같은 대화가 오갔다고 했을 때 당신이 면접관이라면 누구를 뽑을지 생각해 봅시다.

면접관 ㅣ 직전 회사는 왜 그만두게 됐습니까?

지원자 A ㅣ 상사의 부정행위를 도저히 참을 수가 없었습니다. 조직의 분위기도 엉망이었습니다. 일이 손에 잡히지 않을 정도였습니다. 그 가운데에서도 저는 최선을 다해 일했고, 성과도 탁월했다고 자부합니다.

지원자 B ㅣ 제가 다닌 회사는 어려운 환경에서도 제가 발전하고 성장할 기회를 준 고마운 곳입니다. 하지만 좀 더 나은 저의 미래를 위해, 도전적인 일을 해 보고자 그만두게 됐습니다.

지원자 A의 말이 사실이고, 지원자 B는 속마음을 숨긴 것일지도 모릅니다. 하지만 대부분의 회사에서는 지원자 B를 뽑을 것입니다. 누워서 자기 얼굴에 침 뱉는 말을 해 놓고 다른 사람이 자신의 의도를 좋게 봐 주길 바란다면 그건 혼자만의 착각입니다. 좋아 보이지도, 성숙해 보이지도 않습니다. 설령 전 직장에서 실제로 힘들고 어려웠더라도 굳이 그것을 새로운 회사에까지 끌고 올 이유는 없습니다. '나를 스스로 성장하게 한 계기가 된 회사였다.'라며, 긍정의 언어를 택하는 게 옳습니다.

목표를 달성하기 위해 타인에게 비치는 자신의 이미지를 통제하고 조작하는 걸 인상 관리impression management라고 합니다. 긍정적인 언어를 사용하는 건 다름 아닌 자신의 이미지를 긍정적으로 관리하는 효과적인 전략입니다. 나아가 부정으로 찌든 말투보다는 긍정으로 가득한 말투가 더 성숙한 어른의 말투에 가깝다고 할 수 있습니다. 부정이 가능성의 문을 잠그는 자물쇠라면 긍정은 그 문을 여는 열쇠입니다. 다가올 가능성을 가로막고 싶은 게 아니라면 긍정이라는 어른의 말투로 세상과 소통하길 바랍니다.

아니라고 말하면 아무것도 되지 않는다

"내가 '아니다.'라고 말하는 순간, 될 것도 안 된다." 한 프로 골프 선수가 말한 자신의 '굿 샷' 비결입니다.

"저는 티샷에 실패했을 때 다음 장소로 이동하면서 '몸통 회전이 잘못됐어. 절대 다음 샷에서 실수하지 말아야지.'라고 생각하지 않아요. 대신 '하늘이 무척 예쁘다. 경치도 정말 좋고. 다음 샷은 어디로 보낼까?'라고 생각합니다. 이것이 제 '굿 샷'의 비결이죠."

이 선수는 항상 실패에 집착하기보다 다음 기회에 집중했습니다. 부정적인 생각 대신 긍정적이고 미래지향적인 사고에 익숙했던 것이죠. 그래서일까요. 그 생각대로 성과가 자연스럽게 따라왔습니다. 성장 마인드셋growth mindset의 좋은 예라고 할 수 있습니다. 성장 마인드셋이란 능력은 노력을 통해 향상될 수 있다는 믿음입니다. 실패를 고정된 한계로 받아들이기보다는 성장의 기회로 삼는 것이죠. 어른이라면 가져야 할 긍정어는 이런 성장 마인드셋을 함양하는 데 도움을 줍니다.

내가 "아니다."라고 말하는 그 순간, 될 것도 되지 않습니다. 나의 성장은 딱 그만큼에서 멈춥니다. 부정적으로 말하는 우리를 세상은 품격 있게 바라보지도 않을 테고요. 우리 주변을 긍정어로 가득 채워야 하는 이유입니다.

예를 하나 더 들어 보겠습니다. 당신은 지금 회사 동료들에게 당신이 진행하고 있는 프로젝트에 관해 발표하고 있습니다. 이제 마지막 멘트만 남았습니다. 다음 중 어떤 말로 발표를 마무리하겠습니까?

① 믿고 함께해 주신다면 저는 이 프로젝트를 절대 실패하지 않을 것입니다.
② 믿고 함께해 주신다면 저는 이 프로젝트에 반드시 성공해 포상을 받도록 할 것입니다.

정답은 ②입니다. 자신감 있어 보이고 또한 어른다워 보입니다. 당신의 동료와 선후배들은 기꺼이 도와주려 달려들 것이고 그런 긍정의 힘으로 프로젝트도 성공할 것입니다. 이는 자기 효능감self-efficacy과도 연결됩니다. 자기 효능감은 특정 과제를 성공적으로 수행할 수 있다는, 자신의 능력에 대한 믿음입니다. 높은 자기 효능감은 더 높은 목표 설정, 더 강한 노력, 더 뛰어난 인내력으로 이어집니다. 긍정어는 이런 자기 효능감을 강화하는 데 도움을 줍니다. 자기 효능감은 내면의 등대와도 같으며, 긍정의 말투는 그 빛을 더 밝게 만듭니다.

우리는 앞에서 몇 가지 사례를 살펴봤습니다. "나는 불행한 게 싫어!"라고 말하면서 자기 주변에 벽을 쌓기보다는 "나는 행복한 게 좋아."라고 말하면서 긍정적인 면을 바라보는 것, 그런 말투야말로 성숙한 어른의 말투임을 알아챘길 바랍니다.

그럼 지금부터는 일상에서 흔히 쓰이는 부정적인 말을 어떻게 품격 있는 말로 바꿀지 좀 더 살펴보겠습니다. 우선 다음 문장을 어떻게 긍정어로 바꿀 수 있을지 생각해 보길 바랍니다.

- 넌 정말 말이 지나치게 많구나. ┈┈➔
- 뭘 그렇게 쩨쩨하게 굴어? ┈┈➔
- 너무 냉정한 거 아냐? ┈┈➔
- 너 겁 되게 많네! ┈┈➔

나도 모르게 자주 사용하는 부정어는 없었나요? 같은 말이라도 어떻게 바꿔야 긍정어가 될 수 있을지 생각해 봤나요? 그럼 다음에서 그 답을 확인해 보세요. 물론 정답이 아닌 모범답안 중 하나일 뿐입니다.

- 넌 정말 말이 지나치게 많구나. ┈┈➔ 어쩌면 그렇게 표현을 다

양하게 해?

- 뭘 그렇게 쩨쩨하게 굴어? ⸱⸱⸱⸱→ 세심한 면이 있구나.

- 너무 냉정한 거 아냐? ⸱⸱⸱⸱→ 맺고 끊는 게 확실한 성격이네.

- 너 겁 되게 많네! ⸱⸱⸱⸱→ 너 조심성이 많은 편이구나.

무의식적으로 튀어나오는 부정의 말을 알아차리고 이를 긍정의 말로 바꾸는 훈련을 꼭 해 보길 권합니다. 세상과의 거리를 당신에게 우호적인 방향으로 좁힐 수 있는 비법 중 하나이니까요.

한 잘나가는 회사의 CEO는 구성원에게 늘 다음과 같은 말을 강조한다고 합니다. "우리 회사는 잘하고 있습니다. 하지만 더 잘할 수 있고, 더 잘해야만 합니다." 현재의 성과에 안주하지 않고 끊임없이 발전을 추구하는 그의 자세 역시 긍정으로 가득한 언어 습관의 결과물 아닐까요.

언어의 힘을 믿는다면, 우리의 언어가 인생을 바꿀 수 있다고 생각한다면 부정과 불평 대신 긍정과 감사의 말을 사용하는 게 옳습니다. 비난과 욕설 대신 칭찬과 격려의 말을 택해야 합니다. 가족과 친구, 동료와 대화할 때 한 번 더 생각하고 말해 보세요. SNS에 글을 올릴 때도 우리의 언어가 다른 이에게 어떤 영향을 미칠지 고민하면서 이왕이면 긍정과 기쁨으로 가득한 말투로 가득 채우세요. 실패와 좌절에 집착하기보다 성공과 도전에 초점을 맞추세요. 당신의 언어가 현실이 될 테니까요.

> 듣기만 잘해도
> 대화 점수 80점은 받는다 **"**

어떤 모임에서건 늘 대화의 중심에 있어야 직성이 풀리는 사람이 있습니다. 마치 주인공이라도 된 듯한 기분이 들겠지만 과연 그럴까요? 사람들은 결국 잘 들어 주는 사람 곁에 모이기 마련입니다. 한 미국 월간지에 실린 말이 인상 깊었습니다. "많은 사람이 자기 이야기를 들어 줄 누군가가 필요할 때 의사를 찾는다." 이 말은 우리가 얼마나 내 이야기를 들어 줄 누군가를 갈망하는지 잘 보여 줍니다.

사람은 대부분 외로움을 느낍니다. 일에 몰두하거나 사랑하는 사람과 함께 있는 짧은 순간을 제외하면 말이죠. 그렇기에 우리는 자신의 이야기를 잘 들어 주는 사람에게 호감을 느끼게 됩니다. 묵묵히 누군가의 이야기를 들어 줄 수 있는 사람은 말 한마디 하지 않아도 품격이 느껴집니다.

이를 반대로 응용해 볼 수 있겠습니다. 상대방으로부터 기피의 대상이 되고자 한다면—그런 경우가 있으면 안 되겠지만 살다 보면 정말 두 번 다시 만나고 싶지 않은 누군가가 있을 수 있습니다— 그의 말을 전혀 듣지 않으면 됩니다. 오직 당신 자신의 관심사만 말하고, 상대방이 이야기 중일 때 막무가내로 끼어들어 당신의 말만 하면 됩니다. 그렇게만 하면 상대방이 알아서 당신을 피할 것입니다.

다시 본론으로 돌아와서 어른다운 성숙한 말투의 주인공이 되고 싶다면, 다음 문장만 기억하세요. "열심히 들으세요. 상대방이 자신의 생각을 이야기하도록 격려하세요." 우리의 말투가 어른의 말투, 품격의 말투로 바뀌는 순간입니다. 다음은 제가 실제로 겪은 일입니다.

독서토론 모임에 참석했을 때의 일입니다. 그 자리에서 한 분이 프랑스 파리로 배낭여행을 다녀온 이야기를 꺼냈습니다. 저도 파리에서의 추억이 떠올라 "저는 파리에서 에펠탑도, 센 강도 그다지 감동적이지 않았어요. 그런데 전혀 기대 안 했던 커피가 그렇게 인상 깊더라고요. 골목길 작은 카페에서 맛본 에스프레소를 정말 잊을 수가 없어요."라고 짧게 말했습니다. 그러자 그분이 제게 "프랑스 커피, 맛있죠. 커피 좋아하세요?"라고 물었고, 저는 "네, 정말 좋아해요." 라고 답했습니다. 그리고 그 뒤 그분은 10분 넘게 커피에 관해 이야기를 했습니다. 제가 프랑스 커피에 관해 더 말한 건 없었습니다. 그럼에도 불구하고 모임 후 뒤풀이 자리에서 그분은 제게 "범준 씨는 정말 탁월한 대화자인 것 같아요. 이야기 나누는 게 정말 즐거웠어요. 말솜씨가 좋은 분이세요." 신기했습니다. 제가 그 자리에서 한 말은 고작 두어 문장이었는데 말입니다. 그때 저는 깨달았습니다. 이야기를 진지하게 들어 주는 것만으로도 상대방은 깊은 호감을 느낀다는 것, 그리고 그게 상대방이 도저히 저항할 수 없게 만드는 최고의 찬사가 된다는 것을요.

혹시 누군가와 유대 관계를 맺고 싶다면 호감을 사는 말을 하기 위해 애쓰기보다 그 사람의 이야기를 들어 주는 것부터 시작해 보길 바랍니다. 우리는 대화를 통해 서로에 관한 정보를 교환하고, 그 과정에서 점진적으로 친밀감을 쌓아 갑니다. 이때 상대방의 이야기에 귀 기울이는 건 유대감을 강화하는 데 결정적인 역할을 합니다. 대화란 영혼과 영혼이 만나는 다리입니다. 그리고 경청은 그 다리를 건너는 첫걸음입니다. 대화에서 주인공이 되려 하지 마세요! 대신 상대방에게 관심을 보이고 그들의 이야기에 주의를 집중하세요. 잘 듣는 것만으로도 우리는 품격 있는 화법을 구사하는 성숙한 어른이 될 수 있습니다. 자기 말만 하는 사람? 교양 없는 사람입니다.

이 시대의 위대한 인물 마더 테레사Mother Teresa를 모두 알 것입니다. 그가 정말 위대한 이유는 가난하고 병든 사람들의 이야기에 귀 기울이며 그들의 고통에 깊이 공감했기 때문이라고 생각합니다. 그의 경청은 단순히 상대방의 말을 듣는 것 이상으로 그들의 아픔을 함께 느끼고 위로하는 것이었습니다. 진정한 소통의 자세, 품격 있는 어른의 말투라고 할 수 있을 것입니다. 잘 듣는 것만으로도 어른이 됩니다. 그리고 위대해집니다.

우리가 상대방의 말에 관심과 존중을 표현하면, 상대방은 자신의 말이 잘 전달되고 있다고 느낍니다. 당연히 잘 들어 주는 우리를 향해 호감을 느낄 수밖에 없습니다. 사회생활뿐 아니라 가족 관계에서도 마찬가지입니다. 자녀의 말을 잘 들어 주는 부모가 돼야 합니다. 한 아들이 엄마에게 "엄마가 저를 무척 사랑하고 있다는 걸 잘 알고 있어요."라고 말했다고 합니다. 엄마가 아이에게 그렇게 생각한 이유를 묻자 "제가 무언가 말하려 할 때 엄마는 하던 일을 멈추고 제 말을 끝까지 들어 줬잖아요."라고 했답니다. 아들에게, 딸에게 또 다른 누군가에게 사랑받고 싶다면 해야 할 일은 단순합니다. 그냥 들어 주세요.

나를 내려놓고 상대방의 세계로

잘 듣는다는 건 고도로 조직화한 언어적 행위의 일종입니다. 상대방의 말에 귀 기울인다는 건 관계를 존중하고 소중히 여기는 태도입니다. 이때 그냥 듣기만 하는 것이 아니라 그들의 감정과 관점을 이해하려 노력한다면 대화가 최고 레벨에 이르렀다고 해도 과언이 아닐 것입니다.

대화의 주인공이 되려는 욕심을 내려놓고, 먼저 듣는 사람으로서의 역할에 충실해지도록 합시다. 듣기야말로 진정한 어른의 소통 방식이라는 걸 기억하면서 말이죠. 수많은 커뮤니케이션 이론들이 우리에게 알려 주듯 효과적인 의사소통을 위해서는 경청의 힘을 깨닫는 게 먼저입니다.

듣기란 타인의 세계로 가는 여권과 같습니다. 우리의 자아를 내려놓고 상대방의 세계로 들어가는 멋진 과정이죠. 듣기를 통해 우리는 더 넓은 인식의 세계로 여행할 수 있습니다. 당연히 이 과정은 쉽지 않습니다. 자기 자신을 내려놓는 것, 그것은 우리 모두에게 큰 도전이 될 테니까요. 하지만 그 도전의 끝에는 더 나은 무언가가 기다리고 있습니다. 경청을 통해 우리는 더 넓은 세상을 만나고, 더 깊은 인간관계를 맺을 수 있습니다. 무엇보다 더 나은 사람이 될 수 있습니다.

가족과의 대화에서, 친구와의 수다에서, 직장 동료와의 회의에서 상대방의 말에 조금 더 귀 기울여 보는 것부터 시작할 수 있습니다. 말을 아끼고 침묵의 미학을 실천해 보세요. 이때 그들의 감정을 읽으려 노력하세요. 이런 작은 실천들이 모여 대화 방식은 더 성숙해질 것입니다. 경청은 일상의 명상과도 같습니다. 그 속에서 우리는 더 깊은 지혜와 연결될 수 있습니다.

조직에서 성공하려면
조직의 말투를 배워라

"

　어른은 일터에서 일합니다. 일터에서의 말투는 일상에서의 말투와는 다릅니다. 주장하고 설득해야 하는 상황에 늘 부딪힙니다. 특히 직장인이라면 일터, 즉 직장에서의 언어란 생존의 도구와도 같습니다. 생존의 도구이기에 제대로 사용하지 못 하면, 좌절하고 탈락합니다. 잘 사용한다면 어떨까요? 네, 승리하고 성공합니다. 그렇다면 궁금합니다. 무슨 말투를 사용해야 할까요? 결론은 단순합니다. "그들의 언어를 사용하라!" 이는 언어 기대 이론Language Expectancy Theory으로 설명할 수 있습니다. 이 이론에 따르면 사람들은 특정 상황에서 기대되는 언어 스타일이 있으며, 이를 따랐을 때 설득력을 높일 수 있습니다. 즉, 우리가 속한 조직이나 환경에서 사용되는 언어를 습득하고 활용하는 것이 중요하다는 것입니다.

이를 위해서는 우선 '그들'에 대한 이해가 필요합니다. 구체적으로는 '그들의 말투'를 알아야 합니다. 이 언어가 그들의 언어인지 아닌지를 평가하는 주체는 물론 우리가 아닌 그들입니다. 상대방의 언어에 대해 무지無知한 것은 이해의 대상은 될지언정 용서의 대상은 될 수 없습니다. 언어의 무지는 그 세계에 대한 무지입니다. 이를 극복하는 게 진정한 성장의 시작입니다. 그들의 언어에 익숙해진 후에야 비로소 말할 자격이 생긴다고 해도 무방합니다. 잘 모른다면? 그들의 언어에 대한 경험조차 없다면? 그 어디서라도 좋으니 찾아서 배워야 합니다. 누군가의 언어를 안다는 건 그 누군가가 그동안 어떤 경험을 해 왔는지 아는 것과도 같습니다. 경험이 언어를 만들어 내기 때문입니다. 따라서 내가 원하는 것을 얻고자 한다면 그들의 언어를 적극적으로 수용할 줄 알아야 합니다.

여기서 "왜 내가 하고 싶은 대로 말할 수 없는 거야!"라고 불평한다면, 말투에서도, 인생에서도 하수下手를 면하기 어렵습니다. 어른은 먹고사는 문제를 해결하고 나서야 진정으로 어른스러워집니다. 먹고살기 위해서는 일하는 곳에서, 일하는 곳의 말투를 사용할 수 있어야 합니다. 자본주의 시대를 살아가는 어른이라면 당연합니다. 일터의 말투를 자유롭게 구사할 수 있을 때 우리는 어른다움을 인정받을 수 있고, 돈을 받고 일하는 '프로페셔널'로서의 자기 자신을 제대로 설계할 수 있습니다.

그러기 위해서는 우선 대화 상대방에 따라 자신의 언어 스타일을 조절할 수 있어야 합니다. 직장을 예로 들어 보겠습니다. 당신은 최 대리입니다. 팀장이 당신에게 "이번 프로젝트, 누구에게 맡기는 게 좋을까?"라고 물었습니다. 다음 중 어떤 대답이 어른다운, 직장인다운, 프로다운 말투일까요.

① 사업1팀 김철수 대리가 전문가이니 그 친구가 하면 됩니다.
② 사업1팀 김철수 대리가 전문가이니 그 친구가 하면 더 잘할 것입니다.

얼핏 보면 비슷한 말입니다. 하지만 여기에서 극적인 차이를 느낄 수 있어야 합니다. '그가 하면 된다'보다는 '그가 하면 더 잘할 것이다'가 좀 더 세심하게 느껴지지 않나요. 이렇게까지 말해야 하냐고요? 답답하다고요? 글쎄요. 별것도 아닌 몇몇 문구에 예민하게 반응하는 상대방을 비난하기보다 지나치게 무딘 우리 말투의 촉수를 부끄러워하는 게 맞지 않을까요. '그들'의 언어를, '그들'의 말투를 잘 사용한다는 건, 일종의 섬세함입니다. 이 정도의 배려는 어른의 말투에는 필수입니다. 그들의 언어를 잘 모르면 그들에 대해 이해가 안 되며, 결국 공존하기 어렵습니다.

언젠가 이런 이야기를 들은 적이 있습니다. 영업 부서에서 근무 중인 직장 생활 10년 차의 차장이 있습니다. 그가 신입사원 시절 회의 시간에 겪은 일이었습니다. 임원이 다음과 같은 말을 했다고 합니다. "지금 박 대리가 진행하는 P사 프로젝트가 성공할 수 있도록 구성원들께서는 모두 관심을 갖고 적극 돕길 바랍니다." P사? 그건 그는 물론, 해당 부서의 모든 구성원이 뻔히 알고 있는 기업인 'P○○○○'를 지칭하는 것이었습니다. 그는 '왜 P사라고 하는 거지? 뭐, 그리 대단한 일을 한다고 구성원 모두가 알고 있는 프로젝트의 회사명을 앞글자만 말하는 거야?' 하며 속으로 우스워했다고 합니다.

하지만 지금 중견 관리자가 된 그는 그때의 자신을 반성하고 있었습니다. 그의 생각이 잘못됐다는 걸 말입니다. 경험은 지혜의 어머니와 같거늘 선배들의 경험을 우습게 여겠던 자신이 이제는 부끄럽습니다. '그들'은 달랐던 것입니다. 직장 생활에 필요한 단어 하나를 고르는 데도 세심했습니다. 기밀 정보에 관해 회사 밖은 물론 회사 내부에서도 회사명, 프로젝트 진행 상황 등을 암호화해 부르는 습관이 몸에 배어 있었습니다. 회사 주변 식당에서도 절대 관련 회사의 이름을, 관련 담당자의 이름을 함부로 말하지 않았답니다. 그렇게 작은 것 하나도 조심스럽게 말할 줄 아는 섬세함이 직장에서의 성공에 디딤돌임을 깨달았다고 그는 회고합니다.

삼성을 삼성이라 부르지 않는다

기업 윤리가 중시되고 내부 통제가 강화되면서 정보 유출 예방에 관한 구성원 대상의 교육과 유출에 따른 벌칙 규정도 나날이 엄격해지고 있습니다. 이때 '그깟 단어 한마디쯤이야.'라는 생각은 절대 금물입니다. 우습게 들린다고요? 우습지 않은, 정말 조심해야 할 말투입니다. 모든 사회 집단에는 적절한 언어 사용에 대한 규범이 있고, 이를 따르는 게 집단 내에서의 수용도와 성공률을 높이는 지름길입니다. 따라서 회사에 소속돼 있다면 우리는 조직 내에서 통용되는 언어 규범을 이해하고 따라야 합니다. 이를 무시한다? 그럴 경우 자신에게 급여를 제공하는 회사에서 버텨 내기 어렵습니다. 조직의 말투를 인정하지 않는 건 조직에 대한 예의가 아닙니다.

애플의 창업자 스티브 잡스Steve Jobs의 언어를 한번 살펴볼까요. 그는 제품 발표회에서 '애플의 DNA'라는 표현을 자주 사용했다고 합니다. 이는 애플만의 독특한 문화와 가치를 상징하는 말이었습니다. '굳이 이런 말을 반복해야 해?'라고 생각한다면 아직 어른의 말투를 사용할 준비가 되지 않은 것입니다. 조직의 언어를 습득하는 것은 그 문화에 동화되는 과정입니다. 또한 스티브 잡스는 '싱크 디퍼런트Think Different'라는 표어도 자주 사용했는데 이는 애플의 혁신 정신을 강조하는 말이었습니다. 이처럼 그는 애플이라는 조직의 언어를 적극 활용하며 구성원들과 소통했습니다. 만약 스티브 잡스가 당신의 상사였다면 당신은 '애플의 DNA' 혹은 '싱크 디퍼런트'라는 말을 입에 달고 살았어야 합니다. 그게 자신에게 월급을 주는 회사에 대해 최소한의 예의를 지키는 말투입니다.

아직도 어색하다고요? 그러면 슬로건이 아닌 일반적인 말투도 한번 확인해 보도록 하겠습니다. '그들'의 언어에 익숙해지기 위해, 일터에서 잘 생존하기 위해 살펴보는 사례입니다. 직장에서 회의 중 누군가와 의견 차이가 발생했습니다. 다음 중 어떤 말이 더 직장인의 말투, 프로페셔널한 어른으로서의 말투일까요?

① 말이 안 통합니다.
② 의견에 차이가 있습니다.

잔뜩 가시를 세운 듯한 ①처럼 말하지는 않겠죠? 똑같은 상황을 두고 말할 때도 가능한 한 원만한 느낌을 줄 수 있도록 ②처럼 자연스럽게 말할 수 있길 바랍니다. '그저 그런 평범한' 사람들의 언어에만 익숙해져서는 '잘나가는' 그들의 언어 눈높이를 만족시킬 수 없다는 사실을 기억하면서 말이죠. 그들의 언어를 듣고 그들의 언어를 흉내 내고 그들의 언어에 익숙해질 때, 우리는 어느덧 일터에서의 입지를 굳힐 수 있습니다.

내가 일하는 곳의 말투를 이해하고 또 습득하며, 결국 자신의 입으로 표현한다는 건 그 언어가 담고 있는 조직의 가치, 문화, 규범을 받아들이는 과정입니다. 이 과정은 물론 쉽지 않습니다. 세심한 관찰력, 적극적인 학습 자세, 그리고 실천 의지가 필요하니까요. 하지만 이 노력이 결국 우리의 성장과 성공으로 이어질 테니 도전할 만합니다. 일터의 언어를 정복하는 건 한 개인이 조직에서 생존하는 것을 넘어 그의 성장의 여정과도 일치합니다. 그 끝에서 개인은 진정한 프로페셔널로 거듭납니다. 돈벌이의 고단함에 매몰되기보다 일터에서의 언어에 익숙해집시다.

SUMMARY

말버릇을 바꾸는 습관 완벽 마스터

실천 1 – 내 목소리 들어 보세요
* 상대방에게 양해를 구하고 대화를 녹음해서 내 말투를 객관적으로 들어 보면 문제점을 알 수 있습니다.

실천 2 – 목소리의 톤과 볼륨을 낮춰 보세요
* 주변 상황을 고려해 목소리 톤과 크기를 조절합니다. 낮은 목소리는 신뢰감을 줍니다.

실천 3 – 말의 속도를 줄여 보세요
* 말의 속도는 곧 배려심입니다.
* 호흡을 조절하고, 문장을 짧게 나눠 말하면서 문장과 문장 사이에 간격을 두세요.
* 강조하고 싶은 단어에서 속도를 늦추거나 너무 빨라질 때는 중간에 물을 한 모금 마시면 도움이 됩니다.

실천 4 – 웃을 때도 품격을 생각하세요
* 웃을 때는 상황과 장소를 고려하고, 배려하는 마음, 진심을 담습니다.

실천 5 – 부정어를 긍정어로 바꿔 보세요
* 긍정어는 내면의 성숙함을 보여 주는 동시에 인생을 바꿀 수 있을 만큼 중요한 언어 습관입니다.

실천 6 – 말하기보다 듣는 시간을 늘려 보세요
* 듣기만 잘해도 대화는 성공합니다. 대화의 주인공이 되려는 욕심을 내려놓을 때 진정한 소통이 시작됩니다.

실천 7 – 일상의 말투와 일터의 말투를 분리하세요
* 조직에는 조직의 말투가 있습니다. 조직에서 성공하려면 일상과 분리해 조직의 말투를 익힐 필요가 있습니다.

그러니까 제 말은…

내 의견을 말할 때 기억해야 할 것들

사회에서나 친구 관계에서 내 의견을 말하고, 타인을 설득해야 하는 순간이 있기 마련입니다. 너무 강하게 주장하면 자칫 싸움이 될 수 있고, 그렇다고 가만히 있으면 내 의견을 관철하기가 어렵죠. 어떻게 주장하고 설득해야 사람들을 내 편으로 만들 수 있을까요?

말하지 않으면 얻는 것도 없다

"

국내 대형 건설사인 D사의 인사팀장이 언론 인터뷰에서 다음과 같은 말을 했습니다. "조별 토론을 시켰는데, 다들 새로운 아이디어는 못 내면서 남이 낸 아이디어 깎아내리기에만 열중했다. (중략) 소위 명문대를 나온 사원일수록 기존 지식을 동원해 비판하는 데만 능숙하고, 참신한 아이디어는 내지 못 했다."(출처: 〈조선일보〉 2011년 12월 1일자) 이 말에서 우리는 무엇을 읽어 낼 수 있을까요? 바로 '말하기 훈련'의 부재입니다. 이는 근본적으로 '말하기 불안'과도 연결됩니다. 말하기 불안이란 타인 앞에서 말할 때 느끼는 두려움과 긴장감을 의미하는데 이는 말하기 경험의 부족에서 비롯되는 경우가 많습니다.

어릴 때부터 자신의 생각을 말로 표현하는 연습을 충분히 하지 못 한 사람은 성인이 돼서도 말하기에 두려움을 갖게 됩니다. 말하기에 대한 불안을 앞에서 이야기했던 자기 효능감과 연결해 고찰해 볼 수 있습니다. 어떤 일을 성공적으로 해낼 수 있다는 자신에 대한 믿음인 자기 효능감이 낮으면 상황을 회피하게 됩니다. 그럴 경우 말하기 실력 향상의 기회를 잃을 수 있습니다. 반대로 말하기에 대한 자기 효능감이 높으면 적극적으로 말하기 상황에 참여하게 되고 이는 말하기 실력 향상으로 이어집니다.

우리는 지금 검색의 시대에 살고 있습니다. 클릭 몇 번이면 원하는 정보를 찾을 수 있습니다. 하지만 안타깝게도 그렇게 얻은 정보를 어떻게 표현해야 할지에 대해서는 배우지 못 했습니다. 읽고 듣는 것에는 익숙하지만 정작 우리의 일상에서, 사회생활에서 필요한 말하기 훈련은 부족했던 것입니다. 말하기의 두려움은 자아 표현의 장벽이며, 그 장벽을 넘었을 때 비로소 우리는 진정한 자유를 경험할 수 있습니다. 자기 효능감은 이 장벽을 넘는 사다리와 같습니다. 우리가 이 사다리를 한 걸음씩 오를 때마다, 우리의 목소리는 더욱 강해지고 존재는 더욱 뚜렷해집니다.

말하기가 어려운 건 말과 글에 관해서만큼은 프로페셔널이라고 하는 기자들도 마찬가지인 듯합니다. 전 미국 대통령 버락 오바마Barack Obama가 방한했을 때의 일입니다. 연설을 마치고 질의응답 시간이었습니다. 그는 한국 기자들에게 질문 기회를 주겠다고 했습니다. 하지만 한국 기자 중 누구도 손을 들지 않습니다. 15초 이상 침묵이 흘렀고 결국 중국 기자가 나서서 질문했습니다. 저는 이날을 이른바 기치일記恥日, 즉 '기자들에게 치욕의 날'이라고 말하고 싶습니다. 질문을 하라고 해도 못 하다니 기가 막힙니다.

말을 시작하기 어려울 땐
상대방 말을 정리하는 것부터

앞의 일화는 우리에게 많은 걸 생각하게 합니다. 정보를 찾고 분석하는 것도 중요하지만 이를 자신의 언어로 표현하는 것 또한 중요함을 깨닫게 해 주는 사건입니다. 이런 상황은 침묵의 나선 이론Spiral of Silence Theory으로도 설명할 수 있습니다. 이 이론에 따르면 사회적 이슈에 관해 자신의 의견이 다수의 의견과 다르다고 생각할 때, 사람들은 침묵하게 된다고 합니다. 침묵의 나선은 개인의 목소리를 집단의 압력

속에 묻어 버리는 사회적 현상입니다. 하지만 이러한 현상을 있는 그대로 받아들이고 소극적으로 존재하려는 건 비겁합니다. 진정한 변화와 진보는 이 나선을 깨뜨리는 용기 있는 목소리에서 시작되기 때문입니다. 우리 각자의 독특한 관점과 질문이 모여 사회의 다양성과 창의성을 만들어 냄을 기억하고 적극적으로 세상에 자신의 의견을 표현할 수 있어야 합니다.

한국 기자들도 질문하기에 적절한 상황이 아니라고 판단했을 수 있습니다. 하지만 이런 침묵이 계속되면 결국 중요한 질문의 기회를 영영 잃어버리게 됩니다. 침묵은 때때로 가장 큰 실수가 되며, 질문은 지혜의 문을 여는 열쇠가 된다는 걸 기억해야 합니다. 목소리를 내는 건 단순한 소리의 발생이 아니라, 세상을 향한 존재 선언입니다. 질문하지 못 하는 건 자신의 존재를 부정하는 것과 같습니다. 그러지 않으려면 무엇보다 말하기에 대한 두려움, 즉 말하기 불안을 극복해야 합니다. 이를 위해 자기 제시self-presentation 능력을 키울 필요가 있습니다. 회의나 면접 등 다양한 상황에서 자신의 의견을 효과적으로 전달하는 이 능력이 부족하면 아무리 좋은 아이디어가 있어도 제대로 표현할 수 없습니다.

직장 생활을 하다 보면 보고해야 할 일이 무척 많으니

다. 보고는 곧 말하기 능력과 연결됩니다. 문제점을 파악하고 해결책을 제시하는 것도 중요하지만, 결국에는 상대방을 설득할 수 있는 언어로 표현해야 하니까요. 말로 제대로 표현하지 못 하면 아무것도 얻을 수 없습니다. 직장뿐일까요. 어린이라면 장난감, 어른이라면 돈 등 사람에 따라 상황에 따라 원하는 것, 필요한 것이 있기 마련인데 말하지 않으면 무엇도 얻을 수 없습니다.

보고 또는 발표를 잘하는 사람이 돼 보고 싶지 않나요? 그러기 위해선 어떻게 해야 할까요? 이번에도 작은 것부터 실천해 봅시다. 회의에서 의견 한마디 내기, 동료에게 아이디어 제안하기 등 일상에서 말할 기회를 만드는 것입니다. 도전하다 보면 점차 자신감이 생깁니다. 우리는 지금 어른이 되는 과정 중에 있습니다. 어른이 된다는 건 세상과 소통할 줄 아는 사람이 되는 것입니다. 자기의 생각을 말로 표현하는 능력, 그것은 어른으로 살아가는 데 필수 역량입니다.

말을 시작하기조차 어렵다면 상대방의 말을 듣고 재차 확인하는 말로서 말문을 열어도 괜찮습니다. 일종의 '내용 확인'을 통해 대화를 이어가는 것입니다. 커뮤니케이션에서 중요한 건 상대방의 의도를 파악하는 것입니다. 따라서 상대방이 말하는 내용에 집중하면서 그것에 대해 보충적 해석을 요청하는 식으로 말문을 여는 것도 좋은 방법입니다. 상대방의 말을 재진술하는 것만으로도 말하지 못 해서 원하는 것을 얻지 못 하는 참사는 막을 수 있습니다. 어떻게 해야 할까요. 다음의 몇 문장을 기억했다가 대화에 활용해 보세요.

"제가 듣기로는 ○○○을 말씀하신 거 같은데, 제가 이해한 것이 맞는지요?"

"그러니까 □□이 △△하게 진행됐다는 거지? 맞지?"

"말씀하신 걸 제가 ◇◇◇라고 이해했는데, 맞습니까?"

특별히 자신의 의견을 급하게 고민할 필요 없이 상대방에게 질문함으로써 내 생각을 정리할 수 있는 시간과 여유를 찾을 수 있으니 활용할 만합니다. 이는 상대방에게 나 자신이 이해하고, 또 이해하려고 노력한다는 사실을 전함으로써 호감을 줄 수도 있기에 일석이조입니다. 앞의 예시에서 보듯 그리 어렵지도 않습니다. 상대방이 말한 내용을 간결하게 다시 진술함으로써 상대방의 의사를 구체화하기만 하면 됩니다. 그리고 나서 응답을 기다리는 것이죠. 왜 이렇게까지 해야 하느냐고요? 말해야 얻을 수 있기 때문입니다.

1626년 네덜란드 총독 피터 미누이트Peter Minuit는 미국 맨해튼 섬의 원주민들에게 구슬과 장신구를 주면서—현재 가치로 약 1,000달러(한화 약 135만 원)— "이 물건들과 섬을 교환하지 않겠습니까?"라고 제안해 맨해튼 섬을 얻었습니다. 정말 말 한마디로 섬을 얻은 것이죠. 물질적인 것만 얻을 수 있을까요? 아닙니다. 말 한마디로 자유와 평화를 향한 한 걸음도 얻을 수 있습니다. 1963년 마틴 루터 킹Martin Luther King은 "나에게는 꿈이 있습니다I have a dream."라는 유명한 연설로 미국 인권 운동의 상징이 됐습니다. 돈을 얻고자 한다면, 명예를 얻고자 한다면, 그게 아니더라도 무언가 원하는 게 있다면 우리는 말해야 합니다.

말 잘하는 사람은
스몰토크부터 다르다

"

중국의 고전 《중용中庸》에는 이런 말이 있습니다. "비유하면 군자의 도道란 멀리 가려면 가까운 곳에서부터 걸어가야 하는 것과 같고, 높은 곳에 오르려면 반드시 낮은 곳에서 시작해야 하는 것과 같다." 원하는 걸 얻기 위한 말하기에서도 마찬가지입니다. 단도직입적으로 용건을 말할 수도 있겠지만, 그에 앞서 긴장을 풀고 유연한 관계를 만들기 위한 스몰토크small talk, 즉 일상적이고 가벼운 대화로 시작하면 상황을 보다 유리하게 가져갈 수 있습니다.

스몰토크는 의외로 깊은 대화의 씨앗이 됩니다. 처음부터 자신의 속마음을 다 보여 주는 사람은 거의 없습니다.

결국 인간관계는 피상적인 대화에서 시작하기 마련입니다. 우리의 말 한 마디 한 마디가 쌓여 관계의 산을 이룹니다. 그리고 시간이 지남에 따라 점진적으로 깊이 있는 대화로 발전해 나가는 것이죠.

비즈니스 관계에서 대화를 시작할 때는 어떨까요? 초면인 상대라면 다음과 같은 주제로 가볍게 이야기를 시작할 수 있습니다.

"요즘 경기가 최악이라는데, 이 회사는 초고속 성장을 거듭하고 있으니 정말 대단하세요."

"바쁘실 텐데 평소 일정 관리는 어떻게 하세요? 배우고 싶습니다."

"매달 해외 출장이라니…… 체력 관리하는 비법이 따로 있으세요?"

스몰토크는 식빵에 맛있는 딸기잼을 바르는 것과 같습니다. 본격적인 대화를 앞두고 서로의 감정을 알아 나가는 방법이죠. 상대와 교감을 쌓으며 감정적으로 연결할 수 있는 고리를 만들어 낸다면 그 자체로 우리는 상대방에게 꽤 근사한 파트너로 인정받을 수 있습니다.

낯선 누군가에게 직접 다가서는 건 누구에게나 두려운

일입니다. 상대가 직장의 임원이거나 중요한 고객이라면 말할 것도 없습니다. 하지만 불행히도 그럴 때 스몰토크가 더 중요합니다. 대화의 물꼬를 트며 상대에게 나를 인식시키는 중요한 수단이 되기 때문입니다. 스몰토크에서 어떤 주제를 선택하고 어떤 말투를 사용하느냐에 따라 대화의 분위기와 향후 관계의 발전 방향이 크게 달라질 수 있습니다.

다음 예시를 통해 그 차이를 한번 느껴 보겠습니다. 우선 당신이 김 팀장이라고 가정해 봅시다. 당신은 업무 보고가 끝나고 임원인 박 상무와 점심 식사를 함께하게 됐습니다. 설렁탕은 이미 주문했고, 음식이 나오길 기다리고 있습니다. 박 상무와 대화를 하긴 해야겠는데 무슨 말을 해야 좋을지 도무지 떠오르지가 않습니다. 같은 상황, 다른 대화를 보며 나는 어떤 사람이었는지, 그리고 앞으로는 어떻게 스몰토크를 해야 할지 함께 생각해 봅시다.

[CASE 1] 어색한 나머지 침묵으로 일관하기

김 팀장: 음. 오늘 보고 받으시느라 수고하셨습니다.

박 상무: 그래요. 요즘 팀에 별일 없죠?

김 팀장: 네. 덕분에 괜찮습니다.

박 상무: 그래요.

김 팀장: ·······.

박 상무: ·······.

[CASE 2] **상대가 좋아할 만한 주제 꺼내기**

김 팀장: 음. 오늘 보고 받으시느라 수고하셨습니다.

박 상무: 그래요. 요즘 팀에 별일 없죠?

김 팀장: 네. 덕분에 괜찮습니다.

박 상무: 그래요.

김 팀장: 아, 아드님이 이번에 대학에 입학했다고 들었습니다. 명문대학에.

박 상무: 어, 어떻게 알았어요. 뭐, 간신히 들어간 거죠.

김 팀장: 저도 이제 아이가 중학교 2학년인데 상무님께 코치 받아야겠습니다.

박 상무: 에이, 무슨 소리. 애 엄마가 키웠지, 내가 뭘.

김 팀장: 아이 키우시면서 무슨 말씀을 자주 해 주셨나요?

박 상무: 음. 딱 세 가지만 말하곤 했죠. 첫째·······.

첫 번째 사례에서 김 팀장은 설렁탕이 나온 후 임원과 아무 말 없이 밥만 먹었습니다. 곤혹스러웠을 것입니다. 두 번째 사례 역시 마찬가지로 곤혹스러웠을 것입니다. 왜일까요? 임원인 박 상무가 말을 너무 많이 해서입니다. 둘 다 '곤혹'스럽긴 하지만 관계적 측면에서 보면 두 번째 사례가 더 낫지 않을까요. 차라리 첫 번째 사례를 택하는 게 좋겠다고 생각한다면, 그 선택의 결과는 당신의 몫입니다.

스몰토크에도 금지어가 있다

대화를 통해 친밀한 관계를 형성하고 싶다면 스몰토크에 능해야 합니다. 어렵지 않습니다. "요즘 어때요?", "관심사가 뭐예요?" 등 상대방에 '툭' 하고 말할 거리를 던져 놓으면 됩니다. 이게 다입니다. 들어 주려는 노력은 당연히 해야겠으나 굳이 당신이 말할 거리를 찾느라 고생할 필요는 없습니다. 관계 개선은 이후 당연히 당신에게 돌아오는 결실일 테고요.

단, 스몰토크라고 해서 아무 말이나 하라는 건 절대 아닙니다. 스몰토크이기에 더욱 조심스러운 부분도 있습니다. 스몰토크의 경우 대부분이 지극히 사적인 이야기입니다. 다음과 같은 말은 어떨까요?

"××당이 너무 싫어요. 도대체 무슨 생각으로 사는 사람들인지."

"그거 아세요. 요즘 이혼한 사람 대부분이 돈 문제라고 하더라고요."

"가방끈이 짧으면 우리 회사에선 절대 부장 이상은 진급이 불가능해요."

아침에 우연히 인터넷 상에서 본 가십거리를 스몰토크의 소재로 꺼낸 것입니다. 별 문제 없어 보이나요? 그렇지 않습니다. 상대가 다음과 같은 상황이었다면 어땠을까요?

- ××당에 후원금을 매달 10만 원씩 내는 사람
- 지금 남편과의 이혼 문제로 심각하게 고민 중인 사람
- 대학원 졸업한 승진 대상자와 임원 승진 경쟁 관계에 있는 대졸자

스몰토크는 필요하지만 반드시 피해야 할 주제가 있습니다. 이혼, 학력, 종교, 정치, 지역감정 등이 그것입니다. 예민한, 더 나아가 상대방에게 콤플렉스가 될 수도 있는 주제는 절대 대화의 화두로 삼지 말아야 합니다.

언어는 우리 내면을 비추는 거울입니다. 우리가 타인을 대하는 방식은 곧 우리 자신을 대하는 방식입니다. 타인

의 잘못과 비밀을 존중하는 건 우리 자신의 인격을 높이는 길이자 진정한 어른다움의 표현입니다. 스몰토크를 할 때 다음에 주의하세요.

① **민감한 주제 금지** │ 정치, 종교, 개인의 재정 상태 등 논란의 여지가 있는 주제는 피합니다.

② **일방적인 대화 금지** │ 상대의 반응을 살피며 균형을 유지해야 합니다.

③ **지나치게 사적인 질문 금지** │ 초면에 개인적인 질문은 부적절할 수 있습니다.

④ **부정적인 이야기 금지** │ 불평, 불만 또는 무의미한 가십을 소재로 하면 좋지 않은 인상을 남길 수 있습니다.

⑤ **오래 말하기 금지** │ 이야기가 너무 길어지면 지루해질 수 있고, 부담을 줄 수 있습니다.

중국 고전 《채근담菜根譚》에서는 "남의 사소한 잘못을 나무라지 말고, 남의 비밀을 들춰내지도 말며, 남이 과거에 저지른 잘못도 마음에 두지 말라. 이 세 가지를 지키면 나의 덕德은 높아지고 해害는 피하게 된다."라고 말합니다. 타인이 비밀로 하고 싶어 하는 이야기는 절대 함부로 말해서는 안 됩니다. 언어는 양날의 검과 같아서 관계를 깊게 만들 수도, 상처를 줄 수도 있습니다. 진정한 지혜는 말해야 할 때와 침묵해야 할 때를 아는 데 있습니다. 타인의 비밀을 존중하는 건 예의를 넘어, 그 사람의 존엄성을 인정하는 자세입니다. 그럼 어떤 주제로 이야기를 이끌어 가는 게 좋을지 다음 사례를 통해 살펴보겠습니다.

[CASE 1] 날씨를 주제로 한 대화

A: 요즘 날씨가 참 좋네요. 봄의 향기가 느껴지는 것 같아요.

B: 네, 이런 날씨에는 공원 산책이 참 좋죠.

A: 맞아요. 혹시 주변에 추천할 만한 공원이 있나요?

[CASE 2] 취미를 공유하는 대화

A: 주말에는 보통 어떻게 시간을 보내세요?

B: 저는 주로 독서를 즐겨요. 최근에 재미있게 읽은 책이 있어요.

A: 오, 어떤 책인지 궁금해요. 저도 책 읽는 걸 좋아하거든요.

[CASE 3] 공통 관심사를 찾는 대화

A: 이번에 새로 나온 영화 보셨어요? 평이 꽤 좋더라고요.

B: 아직 못 봤어요. 어떤 장르의 영화인가요?

A: SF 영화예요. 특수효과가 뛰어나다고 하더라고요.

B: 아, 저도 SF 영화 좋아해요. 기회가 되면 꼭 봐야겠네요.

앞의 사례들은 상대방의 관심사를 탐색하고, 공통점을 찾아가는 과정을 보여 줍니다. 스몰토크의 핵심은 편안하고 자연스러운 대화를 통해 상대방과의 관계를 형성하는 것임을 기억하면서 여유 있게 대화를 시작해 보면 좋겠습니다.

> 말의 재료,
> 단어를 잘 골라야
> 대화가 맛있다

"

세상이 좋은 방향으로 바뀌면 온당치 않았던 이름들
이 사라지고 마땅한 이름을 만나 단어가 가진 본연의 모습
을 찾게 됩니다. '때밀이'가 '세신사'로, '파출부'가 '가사 도우
미'로 바뀐 것처럼 말이죠.

캐나다의 사회학자 어빙 고프먼Erving Goffman의 언어 프
레이밍 이론Linguistic Framing Theory에 따르면 우리가 사용하는 언
어는 특정 방식으로 현실을 프레이밍합니다. 어떤 단어를 선
택하느냐에 따라 같은 대상이나 상황도 전혀 다르게 인식될
수 있습니다. '때밀이'와 '세신사'라는 표현의 차이가 생각의
차이를 만들듯 우리의 언어 선택은 대상에 대한 사회적 인

식과 가치 평가에 큰 영향을 미칩니다. 이름을 바꾸는 행위는 단순한 호칭의 변경이 아니라, 그에 대한 사회의 인식과 가치관의 변화를 반영하는 행위인 셈입니다.

호칭은 당사자들의 태도를 긍정적으로 바꾸어 맡은 일을 더 멋지게 수행하는 동력이 되기도 합니다. 미용실의 사례가 그것입니다. 언젠가부터 미용실의 미용사들에게 '선생님'이라는 호칭이 붙었습니다. 요즘에는 '디자이너', '선생님' 등으로 부르는 것이 기본입니다만 사실 수년 전까지만 해도 미용실에서 미용사를 '아가씨'라고 부르는 일이 흔했습니다. '아가씨'라는 호칭이 '선생님'으로 바뀌자 변화가 생겼습니다. 손님들이 이전보다 예의 바르게 대했고, 그러자 미용사들의 업무 만족도도 높아졌습니다. 미용사를 지칭하는 언어가 바뀌면서 미용사에 대한 인식은 물론 미용사의 행동 변화, 성과 향상으로까지 이어진 것입니다. 호칭 하나 바꿨을 뿐인데 그 일을 하는 사람과 대하는 사람 모두에게 '자존감'을 심어줬고, 결국 좋은 결과를 가져왔습니다.

비슷한 사례는 또 있습니다. 언젠가부터 보통의 직장에서도 '종업원' 혹은 '직원'이란 호칭 대신 '구성원'이라는 호칭을 더 많이 사용하고 있습니다. 종업원이나 직원이라는 단어가 그 자체로 부정적 의미를 지니는 건 아니지만 과거 수

직적 구조의 조직 문화에서 사용된 탓에 부정적인 뉘앙스가 있는 것도 사실입니다. 요즘 직장인들에게 물으면 '직원'은 무조건 윗사람의 말을 따라야 하는 '부하'와 비슷한 단어로 느껴진다고 생각한답니다. 이런 이유로 '조직의 한 부분을 차지하고 있는 사람'이라는 뜻에서 구성원이라는 단어가 좀 더 수평적으로 느껴지고 선호되는 것이죠. 언어는 권력의 도구이자 사회 변화의 촉매제입니다. '구성원'이라는 용어의 선택은 단순한 호칭의 변경이 아니라, 조직 내 권력 구조와 인간관계에 대한 패러다임의 전환을 의미합니다. 수직적 구조에서 수평적 협력으로의 이동을 반영하며, 개인의 존엄성과 조직의 유기적 성장을 동시에 추구하는 철학적 선택입니다.

성숙한 어른의 말투에 있어서 단어의 선택은 중요합니다. 말투가 상냥하고 공손해도 그가 선택한 단어가 '저렴'하게 느껴진다면 결코 어른의 말투라 할 수 없을 것입니다. 오스트리아 태생의 영국 철학자 루트비히 비트겐슈타인Ludwig Wittgenstein은 "언어의 한계가 곧 세계의 한계."라고 말했습니다. 이는 우리가 사용하는 언어가 우리의 사고방식과 세계관을 형성한다는 의미입니다. 즉, '구성원'이라는 용어의 선호는 조직 문화와 인간관계에 대한 우리 사회의 패러다임 시프트shift를 반영하는 것입니다.

언어가 권력 관계를 구축하고 유지하는 수단일 때도 있습니다. '직원'에서 '구성원'으로의 변화는 이러한 권력 구조의 재편을 암시합니다. 수직적이고 위계적인 관계에서 좀 더 수평적이고 협력적인 관계로의 이동을 의미하는 것입니다. 세상이 바뀌고 있다면 용어도 바뀌어야 하고, 그 바뀐 용어를 적절하게 사용할 줄 알아야 합니다.

물론 주의해야 할 것도 있습니다. 말만 번드르르하다고 어른의 품격을 그대로 나타내는 건 아니라는 것입니다. '구성원'이라는 용어를 사용하면서도 여전히 수직적이고 권위주의적인 문화가 존재한다면, 그것은 일종의 위선일 수밖에 없으니까요. 진정한 어른이라면 단순히 품격 있는 용어의 선택에 그치는 것이 아니라, 그 용어가 담고 있는 철학과 가치관을 진정성 있게 실천하는 것을 포함해야 합니다.

수준 낮은 단어, 오염되는 대화

오늘도 말로 여러분의 기분을 상하게 한 사람이 있나요? 그렇다면 그 사람이 어떤 단어를 사용했는지 한번 생각해 보세요. 말끝마다 비속어나 욕설을 섞어 말하는 사람, '젊은 감각'을 유지한답시고 학생들이나 사용할 법한 유행어를 남발하는 사람, 충분히 좋은 우리말이 있는데도 '있어 보인다'는 착각에 빠져 외래어를 선호하는 사람 등등 다양한 경우가 있을 것입니다. 그런 건 일종의 언어 오염입니다. 부적절하거나 저속한 언어를 사용하고, 과도한 외래어를 무분별하게 사용하는 것 역시 수준 낮은 언어 습관입니다. 이런 언어 습관은 사회 전반의 의사소통 문화를 황폐하게 만듭니다.

말투는 그 사람의 정신적 환경을 그대로 반영합니다. 수준 낮은 언어 습관을 단지 개인의 취향이라고 치부해서는 안 됩니다. 우리 사회의 정신적 생태계를 오염시키는 행위이기 때문입니다. 언어의 품격을 지키는 것은 개인의 품위 이상으로 우리 사회의 문화적 수준과 윤리적 기준을 유지하는 중요한 실천입니다. 우리가 사용하는 언어는 우리의 사고를 형성하고, 그 사고는 다시 우리의 행동을 결정한다는 점에서 언어의 순수성을 지키는 것은 곧 우리 사회의 정신적 건강을 지키는 일입니다. 어른의 말투가 최소한의 수준을 지켜야 하는 이유입니다.

다만 고백하건대 저 역시 허물없이 친한 친구들을 만나면 '이 자식' 혹은 '이놈' 같이 거친 말투를 쓸 때도 있습니다. 뿐만 아니라 운전하다가 위험하게 끼어드는 차를 보면 혼자 욕을 할 때도 있습니다. 부끄러운 일입니다. 혼자 있을

때라고 해도 저도 모르게 나오는 거친 말들은 자제해야 하
는데 걱정입니다. 다음은 30대 후반의 한 여성이 들려 준 이
야기입니다.

> "한 남자를 소개받았습니다. 아는 친구가 연애라도 해 보라고 주
> 선한 건이었죠. 커피 한잔할 때까지는 괜찮았습니다. 2차로 횟
> 집에서 술도 한잔하게 됐습니다. 그런데 말투가 너무 별로인 거
> 예요. 술이 들어가서인지 다소 거친 단어를 쉽게 내뱉더라고요.
> 정치 뉴스가 횟집 TV에서 나오고 있었는데, '하여간 저것들 또
> 지랄하고 있네.'라고 말하는 걸 보고 충격을 받았습니다."

이 여성은 순간 생각했다고 합니다. '내가 마음에 들지
않아서 일부러 저러는 건가?' 하지만 그보다는 그 남자 몸에
밴 말투라는 결론을 내렸습니다. 헤어지고 난 후에 그 남자
를 소개한 친구 역시 "걔 원래 말이 좀 거칠어."라고 했다고
합니다. 여성은 기분 나쁘다는 생각도 잠시, 오히려 미리 알
게 돼 다행이라는 생각이 들었습니다.

앞에서 언급한 인상 관리는 언어에도 적용됩니다. 우
리가 사용하는 언어는 우리에 대한 타인의 인상을 형성하는
데 결정적 역할을 하는데 특히 초면인 상황에서의 언어 사

용은 그 사람에 대한 첫인상을 좌우하기에 더욱 신중해야 합니다. 부적절한 단어 선택으로 인해 자신의 좋은 인상을 망치는 일이 없도록 주의해야 할 것입니다.

아무리 겉모습이 멀쩡해도, 아무리 가진 게 많다고 해도, 적절하지 않은 단어의 선택은 우리의 품격을 망칩니다. 평소 습관적으로 내뱉는 거친 단어나 저속한 표현은 없는지, 상대방을 불쾌하게 만드는 말투를 사용하고 있지는 않은지 늘 조심하면서 가능한 한 단어 하나, 문장 하나도 신중히 고를 수 있어야겠습니다.

> 원하는 말을 하기에
> 충분한 시간,
> 120초

99

일상생활에서 우리는 수많은 대화를 나눕니다. 가족, 친구, 동료 등 다양한 사람들과 소통하며 관계를 이어가야 하기 때문입니다. 그런데 이 소통이 쉽지 않습니다. 특히 비즈니스 환경과 같은 편치 않은 자리에서 더 그렇죠. 어떤 자리에서도 자신이 하고 싶은 말을 조리 있게 해내는 사람을 보면 부럽습니다. 그런 사람들의 특징은 말이 지루하지 않다는 것입니다. 길지 않은 간결한 문장 안에 할 말이 다 담깁니다. 그렇게 말하는 법은 어디서 배울 수 있을까요? 미국 NASA미국 항공 우주국에서 시행하고 있다는 '엘리베이터 스피치'에서 힌트를 얻어 보면 좋겠습니다.

NASA에서는 직원들이 엘리베이터에서 만난 사람에게 120초, 즉 2분 내로 자신의 업무와 조직의 비전을 설명할 수 있도록 훈련한다고 합니다. 짧은 시간 내에 자기의 생각을 효과적으로 전달하는 훈련입니다.

미국에는 엘리베이터 피치 콘테스트elevator pitch contest도 있습니다. 미국의 많은 대학과 기업에서는 이 콘테스트를 주기적으로 개최하는데 이는 엘리베이터 스피치 개념을 직접적으로 활용한 것으로, 참가자들이 30초에서 2분 사이에 자신의 비즈니스 아이디어나 제품을 소개하는 대회입니다.

테드 톡스TED Talks도 있습니다. TED Technology, Entertainment, Design라는 유명 컨퍼런스에서 시작된 테드 톡스는 혁신적인 아이디어를 18분이라는 제한된 시간 동안 공유하는 형식으로 진행됩니다. 비록 엘리베이터 스피치보다는 긴 시간이지만, 복잡한 주제를 간결하고 영향력 있게 전달한다는 점에서 유사하다고 할 수 있습니다.

엘리베이터 스피치의 개념은 현대 사회의 복잡성과 시간의 압박 속에서 효과적인 소통의 중요성을 보여 줍니다. 제한된 시간과 공간 속에서 우리의 본질을 표현하고 타인과 의미 있는 관계를 형성하는 하나의 방법이라고 볼 수 있습니다. 엘리베이터 스피치는 자기 표현일 뿐 아니라, 타인을 대면하고 그들의 필요와 관심에 응답하는 행위라는 점에서도 어른다운 소통 방식입니다. 엘리베이터 스피치를 통해 우리는 제한된 시간과 공간 속에서도 의미 있는 연결을 만들고, 우리의 본질적 가치를 전달할 수 있음을 알 수 있습니다.

우리나라에는 이와 비슷한 게 없을까요? '자기소개서'가 있습니다. 우리나라에서는 취업이나 입학 과정에서 자기소개서가 중요한 역할을 합니다. 여기에는 엘리베이터 스피치처럼 제한된 공간(글자 수)에 자신의 핵심 가치, 경험, 역량을 효과적으로 담아야 합니다. 자기소개서는 단순한 이력의 나열이 아니라, 지원자의 개성과 잠재력을 드러내는 도구로 활용됩니다. 최근에는 1분 자기소개 동영상 등 더욱 압축된 형태의 자기소개가 요구되기도 하는데 이때도 역시 간결함이 자기소개의 품질을 좌우합니다. 고만고만한 지원자 중 한정된 숫자를 뽑아야 하는 면접관에게 쓸데없이 길기만 한, 조금이라도 더 시간을 끌려는 자기소개는 오히려 불합격 사유가 됩니다.

길고 복잡하게 말한다고 해서 전문적이고 거창하게 보이는 건 아닙니다. 자신의 분야에 정통한 사람들은 오히려 간결하고 명확한 메시지로 표현할 줄 압니다. 우리가 대화할 때 '할 말은 하되, 할 말만 하는' 지혜가 필요한 이유입니다.

상대방에게 필요한 만큼의 정보를 간결하게 제공하는 것, 이것이 효과적인 소통의 핵심입니다.

간결한 말 한마디에 긍정 한 스푼

간결함은 비즈니스 상황에서만 유용한 건 아닙니다. 고민을 토로하는 친구에게 공감해 줄 때, 노력한 만큼 성과가 나지 않아 좌절한 아이를 위로할 때도 간결함은 필수입니다. 그리고 그럴 때 긍정 한 스푼도 잊어서는 안 됩니다. 긍정의 언어는 단순한 낙관주의가 아니라, 현실을 변화시키는 능동적인 행위입니다. 우리가 상황을 해석하는 방식은 그 상황의 본질을 바꾸는 힘을 가집니다. 또한 자신과 타인의 잠재력을 깨우는 촉매제 역할을 할 수 있습니다. 하지만 아무리 좋은 말도 길어지면 잔소리처럼 느껴집니다. 긍정어를 간결하게 표현할 수 있어야 말에 품격이 생깁니다. 다음 예시는 직장에서 피드백을 해야 하는 상황에 나올 수 있는 표현입니다.

- **긴 부정어** ㅣ 이 보고서 정말 형편없네요. 보고서를 이렇게 쓰는 사람이 어디 있나요? 보고서 쓰는 법도 안 배웠어요? ……
- **짧은 부정어** ㅣ 이 보고서 정말 형편없네요. 다시 해 오세요.

- **긴 긍정어** ┃ 이 부분은 잘했어요. 이건 정리하기 어렵지 않았어요? 조금 복잡한 부분인데 보기 좋게 정리하느라 고생이 많았겠네. 그런데 수정이 필요한 부분이……
- **짧은 긍정어** ┃ 이 부분은 잘했어요. 여기랑 여기만 개선하면 더 좋은 보고서가 될 것 같아요.

어떤 말하기가 가장 좋아 보이나요? 내가 듣는 사람이라고 생각하면 간결하고 긍정적인 피드백이 가장 확실하게 와닿지 않나요? 긴 긍정어로 오래 칭찬해 주는 것도 좋겠지만 자칫 논점을 흐릴 수 있고 짧은 부정어는 정확한 피드백이 부재한 채 비난만 있습니다. 긴 부정어는 최악이고요.

다른 예도 있습니다. 불가능한 요구를 하는 고객을 응대해야 하는 상황에서 "그건 불가능합니다."라고 딱 잘라 부정적으로 말하기보다는 "현재로서는 어렵지만, 추후에는 가능할 수 있도록 다른 방법을 찾아보겠습니다." 하면 진상 고객이 아닌 이상 토 달 일은 없습니다. 가정에서 아이의 성적이 좋지 않을 때 "너는 왜 이렇게 공부를 못하니?" 하고 꾸중하기보다는 "이번에는 원하는 결과를 얻지 못 했지만, 네가 열심히 노력한 것을 알아. 다음에는 더 잘할 수 있을 거야." 하는 응원의 말이 아이에겐 더 힘이 될 것입니다. 거기에 또 조언을 하겠다고 "암기 과목을 공부할 때는~", "공부는 엉덩이로 하는 거니까~" 이런 말들을 덧붙인다고 해서 떨어진 아이 성적이 오르는 게 아닙니다.

이런 간결한 긍정 확언은 어쩌면 타인보다 나 자신에게 더 필요할지 모릅니다. "나는 못 해, 어려워."라고 지레 포기하기보다는 "이건 해 본 적 없는 새로운 일이지만, 한 단계씩 해 나가면 할 수 있을 거야."라고 나 자신에게도 말해 주세요. '자기 충족적 예언'이라는 말처럼 우리가 어떤 믿음을 가지고 행동하느냐에 따라, 그 믿음이 현실로 구현됩니다. 우리가 믿는 대로, 우리가 말하는 대로 세상은 바뀌어 갑니다. 결국 이런 긍정적인 자기 충족적 예언의 언어는 누군가에게, 그리고 우리 자신에게 희망이 됩니다. 길게 말할 필요도 없습니다. 쓸데없이 말을 길게 하는 것보다, 짧더라도 상대방을 향한 긍정의 말 한마디가 훨씬 유익합니다.

짧지만 강력한 긍정의 메시지를 통해 우리는 주변 환경과 관계를 개선하고, 더 나아가 사회 전체에 긍정적인 영향을 미칩니다. 어려운 상황에 처한 친구에게 "정말 힘들겠다. 그런데도 이렇게 포기하지 않고 해결책을 찾으려는 모습이 정말 멋진 것 같아. 넌 강한 사람이야. 내가 도움이 될지 모르겠지만, 항상 네 편이라는 걸 잊지 마. 내가 아는 너라면 분명 이 상황을 잘 이겨 나갈 거야."라는 말을, 새로운 프로젝트에 함께하는 동료에게 "○○ 님의 아이디어가 이 프로젝트의 성공에 큰 도움이 될 것 같아요!"라는 말을 먼저 건네보세요. 친구는 진정한 우정을 느끼며 힘을 얻고, 프로젝트에서는 동료뿐 아니라 팀 전체의 사기가 높아지고 더 협력하게 될 것입니다. 긍정적이고 건설적인 어른의 말투는 더 나은 관계, 더 나은 환경, 그리고 궁극적으로 더 나은 사회를 만듭니다.

그런 의미에서 NASA의 엘리베이터 스피치와 같이, 짧지만 강력한 긍정의 메시지를 주변에 나누는 연습을 해 보는 건 어떨까요? 내 안의 자부심과 열정을 깨워, 주변 사람들에게 힘이 돼 주는 말 한마디, 그 한마디가 우리 인생을, 우리가 사는 세상을 조금씩 바꿀 수 있을 테니까요. 오늘, 당신이 나누는 따뜻한 말 한마디를 기대합니다. 대신 너무 길지 않게요.

웃는 얼굴도 하나의 언어다

미국의 흑인 여성 시인이자 작가, 배우인 마야 안젤루 Maya Angelou의 삶은 안타깝게도 잔인한 고난의 연속이었습니다. 세 살 때 부모의 이혼으로 할머니 집에 맡겨져 외롭게 생활했고, 어리기만 한 일곱 살 때는 어머니의 남자친구로부터 성폭행을 당해 오랫동안 실어증에 시달렸습니다. 10대에는 미혼모가 됐고, 이후 생계를 위해 트럭 운전, 자동차 정비, 심지어 매춘까지 해야 했습니다. 이 정도면 무너질 법도 한데 다행히 그의 주변에는 고마운 사람들이 있었습니다. 유년기에 그를 문학의 세계로 이끈 이웃집 선생님, 30대 초반 뉴욕에서 만난 마틴 루터 킹 목사 등이 그들입니다. 그들 덕에 안젤루는 자신의 삶을 새로운 시선으로 바라보게 됐습니다. 인권운동가로서의 정체성을 확립하며 세상에 '선한 영향력'을 행사하기로 말이죠.

최악의 상황에서도 좋은 사람들을 만난 건 정말 천만다행이었습니다. 안젤루는 자신에게 다가온 좋은 사람들을 자기 인생의 성장 기회로 삼았습니다. 좋은 사람들을 보면서 단순히 선망의 대상으로만 삼은 게 아니라 그들을 관찰하고 모방함으로써, 또 새로운 행동을 학습함으로써, 삶의 방향성을 배우고, 그들의 가르침을 자신만의 방식으로 내재화했습니다. 이런 경험들이 쌓여 그는 편집자, 기자로 활동하며 자신의 지혜를 세상에 전하는 작가로 성장할 수 있었습니다. 차별과 편견, 폭력이 만연한 환경 속에서도 증오와 미움, 질투심을 이겨 낼 줄 아는 강인한 사람이 된 것입니다.

그가 위대한 이유는 자신에게 없는 것에 연연하기보다 자신이 가진 것들에 감사하며, 그것들을 통해 사랑의 메시지를 전하고자 했다는 점에 있습니다. 거친 현실을 마주하면서도 섣불리 포기를 선언하기보다는 '나는 인정이 많은 사람이 되고 싶다.'라는 신념을 행동으로 옮기며 현실과 이상의 부조화를 해소해 나갔습니다. 자신의 어느 한구석에는 넘치는 사랑이 분명히 있음을 깨닫고, 그것을 말과 행동으로 표현하기 시작하면서 새로운 삶을 개척한 것입니다. 그렇게 성숙해진 그의 생각은 어른스러운 말투로 세상에 공표돼 더욱 빛을 발합니다. 그의 말을 들어 보겠습니다.

"나는 인정이 많은 사람이고자 합니다. '인정이 많다'라는 건 '나는 필요 이상으로 많은 걸 가지고 있고, 당신은 부족해요. 내 남는 몫을 당신과 나누고 싶어요.'라는 뜻입니다."

그 누구보다도 결핍을 느꼈을 그이지만 오히려 자신이 이미 가진 것을 발견했고, 그 뒤로는 그것들의 풍요로움에 집중했습니다. 궁금합니다. 그는 도대체 무엇을 그리 많이 가졌던 것일까요. 우리가 생각할 때는 없어도 너무 없는 상황, 아니 있는 것까지 뺏긴 참혹한 상황이었는데 말이죠. 그의 이야기를 더 들어 봐야겠습니다.

"돈이나 물건처럼 눈에 보이는 걸 나눌 수도 있지만, 눈에 보이지 않는 것도 얼마든지 나눌 수 있습니다. 말이나 행동에서 인정이 느껴지는 것만으로도 상대에게 엄청난 기쁨을 선사할 수 있고, 상처받은 가슴을 치료할 수 있으니까요."

진정한 가치는 물질적 형태를 초월합니다. 안젤루는 눈에 보이지 않는 것들—사랑, 연민, 이해—이 가장 본질적이고 영속적인 가치를 지니며, 이를 통해 우리는 현실 세계를 초월하는 의미를 창조할 수 있음을 깨달았습니다. 그는 자기 가슴에 가득 품고 있던 사랑과 배려를 세상에 전달했습니다. 전달의 매체는 언어, 즉 말투였습니다. 이렇게 그는 어른의 말투를 세상에 보여 줬습니다. 유형의 물질이 아닌 무형의 무엇인가를 그는 나눌 줄 알았습니다. 우리는 이런 무형의 나눔을 세상 여기저기서 발견할 수 있습니다.

2010년 저 멀리 아이티라는 나라에서 대지진이 발생했을 때의 일입니다. 이때 한 작은 마을에서는 극심한 피해를 본 주민들이 서로를 위로하고 격려하며 희망의 말을 나눴습니다. 세상 밖으로부터의 물질적 지원 못지않게 이는 주민들의 정신적 회복에 큰 도움이 됐고, 공동체의 결속력도 강해졌습니다. 희망의 말만으로도 세상이 아름다워진 것입니다. 진정한 풍요는 물질적 소유가 아닌 내면의 풍성함에서 비롯됩니다. 우리가 가진 것의 가치는 그것을 나누는 행위를 통해 증폭되며, 이는 개인의 성장뿐만 아니라 사회적 연대의 기반이 됨을 알 수 있습니다.

이뿐인가요. 오직 언어만으로도 상대의 자존감을 높일

수 있습니다. 미국의 한 고등학교 교사는 매일 아침 교실 문 앞에서 학생들을 맞이하며 각 학생의 장점을 하나씩 말해 주는 루틴을 계속했다고 합니다. "오늘은 웃음이 멋지구나!" "좋은 일 있니? 즐거워 보여." "발표 준비 중이지? 편하게 잘 할 거야!" 이런 말을 듣고 하루를 시작하는 학생들은 정말 복 받은 것 아닌가요. 이 작은 인정의 말들은 어떤 물질적인 것으로도 할 수 없는 학생들의 자존감을 높였을 것입니다. 진정한 어른의 모습이라고 할 수 있습니다.

말을 통한 무형의 가치는 여기에서 끝나지 않습니다. '정서적 치유'도 가능합니다. 누군가의 상처받은 가슴을 치료하는 것도 가능하다는 것입니다. 이때는 사실 말도 필요가 없습니다. 이웃 나라 일본의 어느 도시에는 '귀 기울이는 카페'라는 독특한 공간이 있답니다. 이곳에서는 전문 심리 상담사들이 손님들의 이야기를 그저 듣기만 합니다. 말하는 이의 감정을 인정하고 공감하는, 이 단순하기 이를 데 없는 행위. 그런데 이곳이 많은 사람의 마음에 깊게 새겨진 상처를 치유하는 데 큰 도움을 주고 있습니다.

물질적인 것 외에도 우리가 서로에게 줄 수 있는 무형의 가치는 얼마든지 클 수 있습니다. 안젤루가 말한 것처럼 작은 관심과 따뜻한 말 한마디에는 누군가의 삶을 극적으로 변화시킬 힘이 있습니다.

누군가에게 웃어 줄 수 있다면 나에게도 웃어 주기

우리는 안젤루의 삶을 통해 가진 것이 없다고 생각하는 게 얼마나 큰 오해인지 알게 됐습니다. 누구나 자신만의 빛나는 재능과 능력을 지니고 있습니다. 화려하지 않아 보여도, 진심을 담아 자신의 능력을 타인을 위해 사용했더니 누군가에게 큰 위로와 격려가 됐습니다. 안젤루도 이런 태도를 스스로 터득한 건 아니었습니다. 자신의 어머니로부터 배웠다고 고백했죠. 험한 어린 시절, 안젤루만큼이나 어쩌면 그 이상으로 어려운 처지였던 그의 어머니는 안젤루에게 이렇게 말했습니다.

"모르는 사람에게 억지로라도 웃어 줄 수 있다면 엄마한테도 그렇게 해 주렴. 그 마음을 고맙게 받아들이겠다고 약속할게."

늘 어둡고 무표정했던 안젤루에게 건넨 부탁이었죠. 안젤루는 이 말을 흘려듣지 않았고, 미소의 힘에 관해 생각했습니다.

"그날 이후 저는 누군가에게 미소 짓기만 해도 얼마든지 베푸는 사람이 될 수 있다는 걸 배웠어요. 내가 옆으로 조금만 움직이면 다른 사람이 앉을 자리가 생긴다는 것도요."

안젤루의 깨달음은 타인을 향한 작은 움직임, 미소 하나가 우리의 책임과 윤리의 시작점이 될 수 있음을 말해 줍니다. 개인의 존재는 타인과의 관계 속에서 완성된다는 깊은 통찰을 담고 있는 것이죠. 미소는 단지 표정이 아니라 세상을 아름답게 만드는 위대한 태도입니다.

안젤루의 말은 프랑스의 사회학자 에밀 뒤르켐Emile Durkheim이 주장한 '사회적 연대'의 개념을 떠올리게 합니다. 뒤르켐은 사회적 연대를 기계적 연대와 유기적 연대 두 가지로 나눠 설명합니다. 기계적 연대란 구성원이 비슷한 직업이나 생활 방식을 공유하면서 발생합니다. 반면 유기적 연대는 구성원이 다양한 직업이나 생활 방식을 공유하면서 발생합니다. 이 중 뒤르켐이 주목한 건 유기적 연대입니다. 그는 유기적 연대야말로 사회 발전에 필수 요소라고 말합니다. 우리 사회는 개인들의 상호작용과 협력을 통해 유지되며, 각자가 조금씩 양보하고 배려할 때 더욱 건고해집니다.

그동안 우리는 이런 위대함, 즉 무표정한 누군가에게

미소를 지어 보이는 게 내가 조금 움직여 그에게 앉을 자리를 마련해 주는 것과 같다는 사실을 망각하고 있던 건 아닐까요? "내가 옆으로 조금만 움직이면 다른 사람이 앉을 자리가 생긴다."라는 안젤루의 말은 곱씹어 볼수록 아름답고 또 감동적입니다. 이 마음을 우리의 말투에도 담아내면 좋겠습니다. 어려운 일도 아닙니다. 돈이 들지도 않고요. 우리가 품격 있는 사람으로 거듭나는 데는 거창한 무언가가 필요한 게 아닙니다. 안젤루의 말대로 곁에 있는 이들을 향해 따뜻한 미소를 짓는 것, 진심 어린 말 한마디를 건네는 것으로도 충분합니다. 어색하더라도 해내야 합니다. 그래야 어른이 됩니다. 그런데 이를 위해 우리가 준비해야 할 것이 하나 더 있습니다.

"자기 자신을 있는 힘껏 사랑할 것."

안젤루의 말처럼 내면에 가득한 사랑과 배려의 가치를 긍정하면서 자신을 사랑하는 게 우선입니다. 프랑스의 철학자 미셸 푸코Michel Foucault가 이야기한 '자기 배려'는 제가 가장 좋아하는 용어 중 하나입니다. 자기 배려란 자신을 돌보고 가꾸는 게 타인과의 관계에서도 중요하다는 개념입니다. 이는 단순히 개인적 행위를 넘어, 사회적 책임의 시작점이 됩니다. 푸코의 통찰은 개인의 내적 성장이 사회 변화의 핵심 동력임을 시사합니다. 우리 각자가 자신의 가치를 발견하고 표현할 때, 그것이 모여 더 나은 세상을 만드는 집단적 힘이 되는 것이죠.

개인의 성장과 사회의 발전은 분리될 수 없는 하나의 과정입니다. 먼저 우리 스스로를 사랑하고 존중할 때, 그 태도가 자연스럽게 타인에게도 전해질 수 있습니다. 남을 배려하기 이전에 나를 먼저 돌보면서 자신의 가치를 발견할 수 있어야 합니다. 그 후에야 비로소 우리는 세상에 아름다움과 배려의 말을 내보낼 수 있을 테니까요. 나를 사랑하는 것, 놓치지 마세요.

상대의 생각을 바꾸는
5단계 언어 기술

"

평생을 어렵게 살아 온 한 할아버지가 있었습니다. 그는 '자신의 몸속에 거미가 살고 있다.'라는 일종의 망상 속에 갇혀 있었습니다. 할아버지는 한 TV 프로그램에 출연해 "수시로 기어 나오는 거미 때문에 너무나 고통스럽다."라고 하소연했습니다. 알고 보니 어려운 환경 속에서 일종의 자기방어 기제로서 '몸속의 거미'를 상상한 것이었습니다. 할아버지는 정신건강의학과를 찾아가 의사와 상담을 했고, 의사는 할아버지에게 약을 처방했는데 이 과정에서 의사가 한 말이 인상 깊었습니다.

할아버지 ｜ 제 몸속에 있는 거미를 죽일 수 있을까요?

의사 ｜ 할아버지, 거미를 완전히 죽일 순 없겠지만 약을 통해 고통은 충분히 줄일 수 있을 거예요. 걱정하지 마세요. 우리 함께 노력해서 할아버지가 편안한 일상을 보낼 수 있도록 해 봐요.

의사는 할아버지와 시선을 맞춰 긍정적으로 소통했습니다. 할아버지의 문제나 약점보다는 잠재력과 희망에 주목한 것이죠. 의사는 할아버지의 망상이 병이라는 걸 알았지만 이를 지적하고 문제 삼기보다, 할아버지의 고통을 경감시키고 일상을 회복할 수 있다는 희망의 메시지를 전하는 것으로 할아버지를 안심시켰습니다. 이런 의사의 접근은 치료를 뛰어넘는 어른다운 모습이라고 할 수 있습니다. 의사는 할아버지를 그저 치료 대상이 아닌, 존중받아야 할 온전한 인격체로 대했습니다. 그래서 함께 문제를 해결해 나가는 동반자적 관계를 형성하려고 노력했습니다. 이런 태도는 진정한 치유란 증상의 제거뿐 아니라 인간 존재의 총체적 이해와 수용에서 시작됨을 보여 줍니다. 이로써 할아버지는 자신의 상황을 긍정적으로 바라보고 치료에 적극적으로 임할 수 있었습니다.

비현실적으로 보이는 할아버지의 호소를 일축하지 않

고 고통을 인정하고 공감하는 태도가 의사와 환자 사이의 신뢰와 협력 관계를 강화하고, 할아버지가 치료 과정에서 느낄 수 있는 심리적 저항을 줄이는 데 큰 도움이 됐을 것입니다. 성숙한 어른의 말투란 바로 이런 것 아닐까요. 상대방의 망상조차도 무작정 부정하거나 무시하지 않는 태도, 오히려 상대방의 망상을 고통으로 받아들이면서 긍정적인 메시지를 전달하는 태도 말입니다. 이런 말투를 가진 사람이라면 누구라도 존경을 보낼 것입니다.

우리 사회는 점점 다양성을 인정하고 개인의 가치관을 존중하는 방향으로 나아가고 있습니다. 이런 시대에 어른다운 말투란, 상대방의 생각과 처지를 인정하고 공감하되 긍정의 마음을 잃지 않는 것이라고 할 수 있겠습니다. 설사 당장은 상대방의 생각을 받아들이기 힘들더라도, 존중과 배려의 자세로 소통하려 노력하는 것이 어른의 말투에 있어서 핵심 조건입니다.

나는 존중해서 한 말인데 상대방이 느끼지 못 했다고 불평하는 상황에 처해 본 적 없으신가요? 존중에도 필요한 과정이 있습니다. 존중에는 5단계가 있다고 합니다. 첫 번째는 '인식'입니다. 상대방의 존재를 인정하는 데에서 시작합니다. 두 번째 '이해'입니다. 이 단계에서는 상대방의 관점과 감정을 이해하려는 노력이 필요합니다. 세 번째는 '수용'입니다. 상대방의 의견과 가치관이 나와 다르더라도 그 자체로 존중하는 것입니다. 네 번째는 '협력'입니다. 서로의 차이를 인정하면서 협력할 수 있는 방안을 모색해야 합니다. 그리고 마지막 단계는 '칭찬'입니다. 이때는 상대방의 장점과 노력을 인정하고 격려해야 합니다.

앞의 사례에서 본 의사의 말투에서도 이런 '존중의 5단계'를 발견할 수 있습니다. 의사는 망상에 시달리는 할아버지의 고통을 '인식'하고, 할아버지의 눈높이에서 그 고통을 '이해'하려 노력했습니다. 비현실적으로 보이는 할아버지의 인식을 있는 그대로 '수용'하면서도, 치료를 통해 고통을 줄이자면서 할아버지와 '협력'의 방안을 모색했죠. 나아가 할아버지가 편안한 일상을 되찾을 수 있으리란 희망의 메시지로 할아버지를 '격려'하고 지지했습니다. 의사의 말투는 사람들이 타인과의 관계 속에서 존재하며, 이러한 관계성을 통해 우리가 존재의 의미를 발견한다는 걸 증명합니다. 그의 말투는 존재론적 관계성을 실현하는 구체적인 방법을 보여 준 것이었습니다.

두 차례나 영국의 총리를 역임했던 윈스턴 처칠Winston Churchill은 부하 직원들을 독려할 때 존중이 가득한 긍정의 말투를 적절하게 사용했던 것으로 잘 알려져 있습니다. 일을 서둘러야 할 때는 "자네는 신속하게 결단을 내릴 수 있을 것 같군."이라고 말하고, 꼼꼼함이 필요한 경우에는 "당신은 정말 치밀한 것 같아."라고 말했다고 합니다. 자신이 바라는 바를 직접 언급하기보다, 상대방에게 이미 그런 장점이 있다고 말함으로써 그 능력을 발휘하도록 독려하는 방식을 택한 것입니다. 결과는 성공적이었습니다. 결국 처칠은 자신의 언어를 통해 자신이 원하는 방향으로 상대방을 이끌어 간 셈입니다.

내가 원하는 그대로 말하기

주변 사람들을 이끌어야 하는 위치에 있나요? 그렇다면 먼저 그들에게 긍정의 라벨을 붙이는 말투를 사용해 보세요. "넌 솔직한 사람이잖아!" "□□ 님은 배려심이 깊어!" "△△ 씨, 정말 성실한 거 같아." 같은 말들로 말이죠. 내가 원하는 것을 이미 그들이 가졌다고 생각하고 말하는 것입니다. 이는 상대방뿐 아니라 나 자신에게도 좋은 영향을 줍니다. 우리는 우리가 하는 말을 닮아 가기 때문입니다. '아브라카다브라Abracadabra'라는 말을 들어 본 적이 있을 것입니다.

'말한 대로 이뤄진다.'라는 뜻의 히브리어에서 유래한 말입니다. 우리의 말은 우리의 삶을 만듭니다. 말은 인지 구조와 현실 인식을 형성하는 데 있어 근본적인 메커니즘입니다. 긍정적인 언어의 사용은 단순히 좋은 기분을 만드는 것이 아니라, 우리의 뇌와 사고 패턴을 실제로 변화시키는 강력한 도구입니다.

긍정 심리학의 대가 마틴 셀리그먼Martin Seligman은 우리 삶의 질을 결정하는 건 우리가 세상을 바라보고 해석하는 방식이라고 말하며, 낙관적인 사고방식을 가진 사람은 역경을 일시적이고 구체적이며 통제가 가능한 걸로 여기지만, 비관적인 사람은 역경을 영원하고 보편적이며 통제 불가능한 걸로 받아들인다고 말합니다. 이에 따르면 긍정적이고 희망적인 말투를 사용하는 건 단순히 겉으로 드러나는 모습만 바꾸는 게 아닙니다. 우리의 내면, 우리가 세상을 바라보는 근본적인 관점을 전환하는 일이기도 합니다. 언어는 생각을 표현하는 도구이자, 생각을 형성하고 강화하는 도구입니다.

어른답고 품격 있는 사람이 되기 위해서는 나 자신과 타인을 향해 긍정과 격려의 말을 건네는 연습이 필요합니다. "괜찮아", "잘하고 있어", "네 선택을 응원해" 같은 말들 말입니다. 반대로 비난과 비판의 말은 상대방은 물론 나 자신에게도 부정적 영향을 미치니 피해야 합니다. 우리가 어떤 말을 쓰느냐에 따라, 우리는 우리가 만들어 내고자 하는 긍정의 세상에 한 걸음 더 다가설 수 있습니다. 우리는 선택과 행동을 통해 자신을 정의하고 만들어 갑니다. 긍정적 언어의 선택은 곧 우리가 어떤 존재가 되고자 하는지, 어떤 세계를 만들고자 하는지에 대한 근본적인 선택이며, 이는 우리의 존재 자체를 형성하는 핵심적인 요소가 됩니다.

한 중견기업에서 있었던 일입니다. 회사의 업무 효율성 향상을 위해 새로운 협업 소프트웨어를 도입하려 했는데 이 변화에 대해 직원들, 특히 연령대가 높은 리더들의 반발이 심했습니다. 그들은 기존 시스템에 익숙해져 있었고, 새로운 기술을 배우는 게 영 부담스러웠습니다. 직장인이라면 알 것입니다. 새로운 시스템이 자신의 업무에 들어오면 왠지 모를 거부감부터 드는 것 말입니다. 여기도 마찬가지였던 것이죠. 이 상황에서 도입을 추진한 팀장은 좌절했습니다. 그는 소프트웨어가 회사에 큰 도움이 될 것이라고 확신했지만, 직원들을 설득하는 것이 쉽지 않았기 때문입니다. 그러던 중 그는 자신의 접근 방식, 특히 말투에 문제가 있었음을 깨달았습니다. 그는 변화의 필요성만을 강조했을 뿐, 구성원들의 걱정과 불안을 충분히 고려하지 않았던 것입니다. 이에 그는 말투 전략을 바꾸기로 합니다. 이렇게 말이죠.

1단계 ┆ 불안에 대한 공감

"여러분의 걱정이 충분히 이해됩니다. 새로운 시스템을 배우는 것이 쉽지 않다는 걸 잘 알고 있습니다."

2단계 ┆ 상대방의 능력에 대한 인정

"여러분의 오랜 경험이 이 새로운 시스템을 더욱 효과적으로 완성한다고 생각합니다."

3단계 ┆ 예상되는 문제 해결

"충분한 교육 시간을 제공하고, 개별적인 지원도 아끼지 않겠습니다. 여러분이 편안하게 새 시스템에 적응할 수 있도록 최선을 다하겠습니다."

4단계 ┆ 협력에의 요청

"여러분의 의견을 반영해 이 시스템을 우리 회사에 가장 적합한 형태로 완성할 수 있습니다. 여러분의 경험과 지혜가 이 과정에서 매우 중요합니다."

직원들은 자신들의 의견이 존중받고 있다고 느꼈고, 새로운 시스템에 대한 거부감도 줄었습니다. 특히 몇몇은 오히려 이 변화를 적극적으로 지지하기 시작했습니다. 진정한 변화와 합의는 일방적인 주장이 아닌, 상호 이해와 공감을 바탕으로 한 대화를 통해 이루어지는데 이를 알아챈 팀장은 단순히 정보의 전달에서 그치는 게 아니라 모든 참여자의 관점과 우려를 고려하는 포괄적인 대화의 장을 설계해 새로운 방향으로 전환시킨 것입니다. 그렇게 한 달이 지났고 관련 직원들이 모두 모인 회의 자리에서 팀장은 다시 말할 기회를 얻습니다. 그때 그는 이렇게 말 한마디를 더 추가합니다.

5단계 | 칭찬

"여러분 모두가 보여 주신 열린 마음과 도전 정신에 깊이 감사드립니다. 우리가 함께 노력한다면, 이 변화는 우리 모두에게 큰 기회가 될 것입니다."

이 프로젝트가 종료된 뒤 새로운 소프트웨어 도입에 대한 찬성률은 90퍼센트를 넘었다고 합니다. 처음 제안했을 때의 30퍼센트 찬성률과는 크게 다른 결과였습니다. 단순히 원하는 바를 이루는 것을 넘어, 직원들과의 관계를 더욱 돈

독히 하고 회사의 문화를 긍정적으로 변화시키는 데 성공한 것입니다. 저는 이 이야기를 듣고 생각했습니다. 새로운 협업 소프트웨어가 성공적으로 도입한 것 이상의 효과가 있었다고 말이죠. 존중의 말투는 개인을 넘어 조직 전체를 변화시키는 강력한 도구가 될 수 있음을 그 조직은 이번 일을 계기로 체득했기 때문입니다.

　우리 안의 최선을 이끌고, 서로의 성장을 돕는 힘, 이는 다름 아닌 어른다운 말투에 있습니다. 누군가를 설득해야 할 때, 이제 더 이상 큰소리는 통하지 않습니다. 오히려 반발심만 키울 뿐이죠. 그럴 때 인식-이해-수용-협력-칭찬의 5단계를 기억하세요. 품격 있게 상대의 생각을 변화시키는 데 성공할 수 있을 것입니다.

사람을 사로잡는
말투의 비밀

여기 한 사람이 있습니다. 그의 말투는 나긋나긋, 조곤조곤 합니다. 그런 그에게는 치명적인 말버릇이 하나 있습니다. '고맙다', '감사하다' 하는 인사가 입에서 떨어지질 않는다는 것입니다. 그가 하는 거의 모든 말의 끝에 '감사'라는 말이 등장합니다. 그런 그에게 누군가 농담조로 "숨 쉬는 것조차 감사한 거 아니세요?"라고 묻습니다. 그는 생긋 웃으며 "당연하죠!" 하고 답합니다. 존재 자체가 경이로운 선물임을 인식할 때 모든 순간은 감사의 대상이 됩니다. 이런 태도는 삶을 더 풍요롭게 만들고, 우리의 존재 방식 자체를 변화시킵니다.

'감사'와 같은 단어를 자주 사용하는 건 자신은 물론 대화 상대방의 긍정적 정서를 자극하는 효과가 있습니다. 그 래서일까요. 그는 말 그대로 인성에 있어서만큼은 '남녀노소 전 연령대의 지지를 받고 있다.'라는 평가를 받습니다. 예의 바르고, 긍정적이며, 거친 말이나 술·담배와는 거리가 먼, 우스갯소리로 '전형적인 교회 오빠'라는 평가입니다. 일하는 현장에서도 늘 동료·선후배 배우, 스태프 등등 함께하는 모든 사람들에게 관심을 갖고 소소한 것 하나하나 챙기고 배려 해서 '이미지 메이킹이라고 해도 이 정도면 진짜다.'라고들 이 야기한다고 합니다. 이쯤 되니 '도대체 누구지?' 하고 궁금해 하실 듯합니다. 바로 배우 박보검 씨입니다. 말 한마디 잘못 해서 말 그대로 '나락'으로 떨어지는 사람들이 속출하는 이 시대에 박보검 씨의 말투는 착함을 넘어 품격으로 자리합니다. 물론 연예인이니 포장된 면도 분명히 있기는 할 것입니다. 그러다 보니 개인의 말투를 두고 성격까지 규정하는 건 무리일지도 모르겠습니다. 하지만 긍정적인 기운을 온몸으로 내뿜으며 "감사하다."라는 말을 입버릇처럼 하고, 부드러운 말투로 자기 의견은 또렷하게 말하는 사람이라면, 누구에게나 '극호감형'일 수밖에 없습니다.

박보검 씨의 사례는 호감 가는 사람의 말투가 무엇인

지 생각해 보게 합니다. 그의 긍정적이고 배려 깊은 말투는 단순히 개인의 특성을 넘어 사회적으로 큰 영향을 미칩니다. 심리학에 정서 전염emotional contagion이라는 말이 있습니다. 이는 한 사람의 감정이 다른 사람에게 전달돼 동화하는 현상을 말합니다. 박보검 씨의 긍정적인 말투와 태도는 그와 접촉하는 사람들에게도 긍정적인 영향을 미칠 것입니다. 생각하면 별거 아닌 일입니다. 따뜻한 미소와 배려의 말 한마디면 되니까요.

우리도 일상에서 실천해 보면 어떨까요? 그리 어려울 것 같지는 않습니다. 매일 아침 가족에게 "좋은 하루 보내." 하고 인사하기, 직장 동료의 노력을 인정하고 감사를 표현하기, 이웃에게 따뜻한 미소와 함께 먼저 인사 건네기 등등입니다. 이런 말투가 모여 나를, 그리고 우리 사회를 긍정적이고 따뜻한 곳으로 만들 수 있습니다. 각자의 자리에서 매일 조금씩, 작은 것부터 시작한다면 우리 사회 전체의 분위기가 바뀌고, 더 나은 미래를 만들 수 있을 것입니다.

세상은 나를 내 말투로 판단한다

친해지고 싶은 사람, 호감 가는 사람이 되는 출발은 말투에 있습니다. 외모가 아무리 출중해도 말할 때 깨는 사람과는 오래 가기 어렵습니다. 반면 나긋나긋, 조곤조곤 한 말투로 자신의 의견을 분명히 말하면서도, 감사의 말을 잊지 않는 사람에게는 유년기에 사랑받으며 반듯하게 자란 사람이라는 긍정적인 평가를 내리기 쉬우며, 오래오래 곁에 두고 싶다는 생각을 하게 됩니다.

우리는 종종 제한된 언어적 단서만으로 그 사람의 성격, 능력, 배경 등을 추론하곤 합니다. 이를 언어 추론linguistic inference이라고 말합니다. 말투와 언어 습관은 한 사람의 인상을 결정짓는 중요한 요소입니다. 품격 있고 긍정적인 언어를 구사하는 사람은 자연스럽게 호감을 사게 되고, 그 속에서 우리는 그 사람의 내적 가치와 인격을 엿볼 수 있습니다. 그러니 우리가 해야 할 게 있습니다. 듣는 사람을 절로 웃음 짓게 하는, 품격 있는 말을 사용하는 것입니다. 품격 있는 말은 멀리 있지 않습니다. '감사', '사랑'이라는 단어만이라도 자주 사용해 입에 붙이는 연습을 시작해 봅시다.

우리 사회는 점점 더 복잡하고 다양해지고 있으며, 이에 따라 서로 다른 배경과 가치관을 가진 사람들 간의 소통이 더욱 중요해집니다. 이런 상황에서 품격 있는 언어 사용은 단순히 개인의 이미지 향상을 넘어 사회적 통합과 이해를 촉진하는 중요한 도구가 될 수 있습니다. 직장에서 상사가 부하 직원에게 "이 일 잘 처리해 줘서 정말 고마워." 한다면 서로 간에 신뢰와 존중이 쌓일 것입니다. 또한 가정에서 부모가 자녀에게 "너의 노력을 항상 사랑하고 존중해."라고 말한다면 이는 자녀의 자존감을 높이고 가족 간의 유대를 강화하는 데 큰 도움이 됩니다. 가볍고 별거 아닌 말처럼 보이지만 성숙한 어른의 말투는 이런 사소한 말 하나에서 시작됩니다.

물론 품격 있는 언어 사용은 개인의 노력만으로는 이루기 어렵습니다. 이는 우리 사회 전체가 함께 추구해야 할 가치이며, 교육과 문화를 통해 강화돼야 합니다. 학교에서는 언어 예절과 소통 능력을 가르치고, 직장에서는 존중과 배려의 문화를 만들어야 합니다. 미디어와 대중문화도 품격 있는 언어 사용의 중요성을 알리고 이를 실천하는 모습을 보여 줄 필요가 있습니다. 처음에는 어색하고 낯간지러울 수 있습니다. 하지만 언어 습관의 작은 변화가 우리의 이미지를 긍정적으로 바꾸고, 더 나아가 우리 삶의 질을 높이는 첫걸음이 될 수 있다는 걸 기억했으면 합니다.

혹시 누가 알겠습니까. 박보검 씨의 사례가 우리에게 롤모델이 됐듯, 우리의 말투가 누군가에게 롤모델이 될 날이

올지 말입니다. 그 꿈을 위해 오늘도 우리의 언어를 아름답게 가꿔 나가는 일에 정성을 들여 봅시다.

SUMMARY

말하기를 시작하기에 앞서 기억해야 할 7가지 팁

실천 8 - 의견을 말하는 데도 연습이 필요합니다
* 필요한 순간에 말하지 못 하는 건 기회를 놓치는 것과 다름없습니다.
* 내 의견을 말하기 어렵다면 타인의 의견을 재확인하는 것으로 말문을 열어 보세요.

실천 9 - 스몰토크로 긴장을 풀어 주세요
* 원하는 이야기를 시작하기에 앞서 적당한 스몰토크는 관계를 유연하게 만듭니다. 단, 너무 사적이고 예민한 대화는 피해야 합니다.

실천 10 - 단어 선택에 항상 유의하세요
* 어떤 단어를 사용하는지가 그 사람의 인격을 나타냅니다. 비속어나 유행어 사용은 가급적 자제하고, 단어의 의미를 생각하며 말하는 습관을 들여야 합니다.

실천 11 - 말을 간결하게 줄여 보세요
* 말을 간결하게 하려고 노력하다 보면 핵심을 정확히 전달할 수 있습니다.
* 2분 안에 의견을 발표하는 NASA의 엘리베이터 스피치를 연습해 보세요.

실천 12 - 나에게도 남에게도 웃어 주세요
* 표정도 언어가 됩니다. 웃는 연습은 내 감정에도 타인을 향한 감정에도 영향을 줄 수 있으니 웃어 보세요.

실천 13 - 누군가의 생각을 바꾸고 싶다면 먼저 존중하세요
* 인식-이해-수용-협력-칭찬. 존중의 5단계를 대화에 적용하면 상대의 생각을 바꿔 원하는 것을 얻어 낼 수 있습니다.

실천 14 - 감사를 자주 표현하세요
* 주위 사람들에게 항상 감사하는 마음을 갖고, 나긋나긋, 조곤조곤 말하는 사람은 모두의 마음을 사로잡습니다.

PART   03

이런 말 하기 좀 그렇지만

무례하지 않게 조언하는 법

살면서 어떻게 좋은 말만 할 수 있을까요? 때로는 타인의 잘못을 지적
해야 하거나 내가 지적을 받아야 하는 때도 있습니다. 진정한 어른은
스스로 자신을 돌아볼 줄 아는 데서 시작됩니다. 상처 주지 않고, 무례
하지 않게 조언하는 방법을 알아 봅니다.

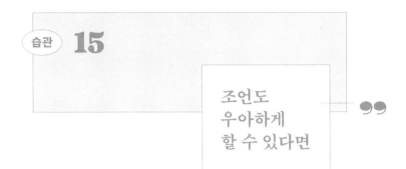

조언도
우아하게
할 수 있다면

,,

앞 장에서 이야기했듯 우리는 말투를 통해 상대방의
성품을 추측합니다. 말투가 거친 사람을 만나면 '아, 저 사람
은 성장 과정에서 정서적으로 결핍이 크고 시기 질투, 비아
냥거림 같은 것에 물들어 버렸나 보다.' 하는 식으로 말이죠.
세상에는 교양 있는 척하는 사람들도 있으니 말투만 가지고
한 사람의 성품을 단정할 수는 없습니다. 다만 가까워지기
전까지는 겉으로 보이는 모습으로 사람을 판단할 수밖에 없
듯 말투 역시 사람의 인상을 좌우하는 요소 중 하나임은 분
명합니다.

세상에서 성공했다고 인정받는, 그러면서 인격적으로

도 훌륭하게 보이는 사람을 보면 우리는 성공한 그 사람보다 오히려 그가 자라 온 환경에 관해 궁금해합니다. '도대체 어떤 환경에서 자랐기에 저렇게 멋있고 우아하게 성장했을까?' 싶은 생각이 드는 것입니다. 언젠가 TV 프로그램을 보면서 이런 궁금증에 사로잡힌 적이 있습니다. 자매가 연속으로 출연한 토크쇼였는데, 이 자매의 면면이 정말 화려합니다. 한 명은 국내 최초 대기업 여성 임원, 한 명은 국내 최초 아카데미 수상 배우입니다. 눈치채셨나요? 다름 아닌 윤여순 씨와 그의 동생 윤여정 씨입니다.

먼저 배우 윤여정 씨의 언니인 윤여순 씨는 TV 프로그램 〈유 퀴즈 온 더 블럭〉에 출연해 자신의 일생과 성공 그리고 좌절에 관해 자신만의 언어로 이야기했습니다. 교육 분야 박사에 국내 최초 대기업 여성 임원에 오른 화려한 이력을 가진 만큼 그의 이야기는 당연히 흠잡을 데 없이 훌륭했습니다. 그런데 이야기의 내용보다 더 멋지고 우아하게 보였던 건 그의 말투였습니다. 윤여정 씨가 말을 참 멋있게 한다는 건 아카데미 수상 이후 이뤄진 수많은 인터뷰를 통해 익히 알고 있었습니다. 그런데 그의 언니인 윤여순 씨의 말투 역시 지적이고 강단이 있으면서도 잘난 체와는 거리가 먼, 소탈한 매력을 지니고 있었습니다. 그야말로 '교양 있고 품격 있는 어른'이라는 생각이 들었습니다.

언어는 우리가 속한 사회와 문화를 반영하며, 동시에 우리의 정체성을 형성하는 데 영향을 미칩니다. 윤여순 씨의 우아하고 품격 있는 말투는 그의 성장 배경과 가치관, 그리고 정체성을 반영하는 것이라고 볼 수 있습니다. 실제로 이미 회갑을 훌쩍 넘긴 나이임에도 윤여순 씨의 목소리는 탁하지 않았고, 사용하는 단어 하나하나도 고상하기 이를 데가 없었으며, 조곤조곤한 말투 역시 아름다웠습니다. 그 연세의 동년배들을 생각한다면 주변에서 쉽게 찾아보기 힘든 말투였습니다. 어떤 노력을 했기에 그런 멋진 말투를 가질 수 있었던 걸까요.

경험과 진심, 그리고 애정 더하기

고상하고 아름다운 윤여순 씨의 말투는 '교양은 있어 보이지만 속물적인 걸 숨길 수 없는' 사람들과는 절대적으로 비교가 돼 더욱 어른스럽게 느껴졌습니다. 특히 그의 말에는 '진심'이 가득 담겨 있어 좋았습니다. 한국 최초로 대기업의 임원이 된 여성인 만큼 여성을 향한 격려와 지지의 말들이 가득했고 하나하나 울림이 있었습니다. 알고 보니 그는 〈유

퀴즈 온 더 블럭〉에서만 이런 말투를 보인 게 아니었습니다. 이미 각종 강연에서 어른다운 말투를 쏟아내고 있었습니다.

① "여성들이 끝까지 성장해야 합니다. 많은 여성이 '리더십 자질이 부족하다.'라는 말을 듣는데 이는 가정과 학교에서 은연중에 학습된 것입니다. 가정과 학교에서 남자아이에겐 리더십, 대장 노릇과 같은 사회성을 강조하는 반면, 여자아이에겐 수긍하라고 가르쳤기 때문입니다."

② "사회적으로 정해진 잣대만이 표준은 아닙니다. 나만의 리더십으로 새로운 세상을 열 수 있으니 (세상의) 평가에 휘둘리지 말고 노력해 주세요."

③ "사방이 꽉 막힌 것 같아도 이 일을 왜 시작했는지, 꿈이 뭔지, 여기까지 어떻게 왔는지를 생각하면 뚫고 갈 수 있습니다. 그러니 자신의 무한한 가능성을 믿고 빛나는 별이 되십시오."

④ "우리의 경쟁 상대는 남성이나 다른 사람이 아니라 나 자신입니다. 감정에 휘둘리지 말고 나와의 '우아한 승부'를 즐기세요."

분명 조언하는 말인데 전혀 불편하거나 듣기 싫지 않습니다. 무슨 차이인지 하나하나 살펴보겠습니다. ①에서 윤여순 씨는 사회적 편견과 고정관념의 근원을 정확히 짚어 내고 있습니다. 가정과 학교에서의 교육 방식이 성별에 따라 다르게 적용돼 왔다는 점을 지적함으로써, 변화의 필요성을 강조합니다. 이는 교육과 사회 시스템의 근본적인 변화를 촉구하는 중요한 메시지입니다. ②는 개인의 고유성과 다양성을 존중하는 철학을 담고 있습니다. 획일화된 기준에서 벗어나 각자의 특성을 살린 리더십을 강조함으로써, 더 창의적이고 포용적인 사회를 만들어 갈 수 있다는 희망적 메시지를 전달합니다. ③은 어려운 상황에 있다고 하더라도 희망을 잃지 않고 자신의 꿈과 목표를 향해 나아가는 힘을 주는 격려의 메시지입니다. 개인의 내적 동기와 성장 과정의 가치를 강조함으로써, 역경을 극복할 수 있는 정신적 힘을 북돋아 줍니다. 마지막 ④에서는 자기 계발과 성장에 대한 건강한 접근 방식을 제시합니다. 타인과의 비교나 경쟁이 아닌, 자신과의 '우아한 승부'라는 표현을 통해 개인의 성장 과정을 긍정적이고 즐거운 여정으로 재정의하고 있습니다.

여성의 잠재력과 리더십을 긍정적으로 바라보며, 사회적 편견을 극복하고 자신만의 방식으로 성장하라고 독려하는 그의 말은 여성 임파워먼트empowerment를 지지하는 건설적인 내용으로 가득합니다. 그의 말투에는 후배 여성들을 향한 애정과 격려가 가득 담겨 있습니다. 물론 윤여순 씨의 말투를 감히 우리가 따라 하기는 쉽지 않을 것입니다. 한 사람의 말투는 그 사람의 일생을 드러내는 것이기 때문입니다. 그렇다고 해서 포기할 이유는 없습니다. 윤여순 씨 레벨의 최상급 말투까지는 아니더라도 어느 곳에서도 부끄럽지 않은, 어른다운 말투를 훈련하는 것을 우리의 목표로 삼는다면 지금보다는 나아진 말투를 구사할 수 있을 테니까요.

직장이나 일상에서 조언이 필요한 순간이 있습니다. 조언을 구해야 할 때도 있지만 조언을 해 줘야 할 때는 좀 난감합니다. 이렇게 말하면 '꼰대'라고 생각하지 않을까? 이런 조언은 너무 아는 척하는 것처럼 보이지 않을까? 수많은 생각이 스치기 때문이죠. 하지만 윤여순 씨처럼 그 안에 진정성 있는 애정이 담긴다면 진심은 통하기 마련입니다. 다음 몇 가지 사례를 보면서 나라면 어떻게 말할 수 있을지 생각해 보면 좋겠습니다.

[CASE 1] 직장 내 승진 기회에 직면한 후배에게

"저는 승진 심사를 앞두고 있지만, 리더십 경험이 부족해 자신이 없어요."

"당신의 고유한 강점을 인식하고 그것을 리더십의 핵심으로 삼으세요. 우리 사회는 오랫동안 특정한 리더십 스타일만을 인정했지만 이제는 다양성이 중요한 시대입니다. 당신만의 독특한 관점과 경험이 새로운 형태의 리더십을 만들 수 있습니다. 공감 능력과 팀워크 스킬이 뛰어나다면 이를 바탕으로 협력적 리더십을 발휘할 수 있고, 창의성과 혁신적 사고가 강점이라면 이를 통해 조직에 새로운 아이디어를 제시하고 변화를 이끌 수 있습니다. 중요한 건 남들과 비교하거나 기존의 틀에 맞추려 하지 않는 것입니다. 자신만의 리더십 스타일을 개발하고 자신감을 가지세요. 당신의 독특한 접근 방식이 조직에 새로운 가치를 더할 수 있다는 것을 기억하세요. 승진 심사는 당신의 잠재력과 성장 가능성을 평가하는 기회입니다. 자신을 믿고 당당히 도전하세요."

[CASE 2] 일과 가정의 균형 때문에 고민하는 후배에게

"직장에서 성과를 내고 싶지만, 동시에 가정에도 충실한 사람이 되고 싶어요. 이 둘 사이에 균형을 잡는 게 너무 어려워요."

"일과 가정의 균형을 잡는 건 많은 직장인, 특히 여성들에게 큰 도전입니다. 하지만 불가능한 일도 아닙니다. 오히려 이 두 영역에서의 경험이 서로를 풍요롭게 할 수 있습니다. 첫째, 완벽주의에서 벗어나세요. 모든 영역에서 100퍼센트를 추구하는 건 현실적이지 않습니다. 대신 각 영역에서 최선을 다하되, 때로는 타협이 필요하다는 것을 받아들이세요. 둘째, 지원 시스템을 구축하세요. 직장에서는 동료들과 협력하고, 가정에서는 가족 구성원들과 책임을 공유하세요. 필요하다면 외부의 도움을 받는 것도 고려하세요. 셋째, 자기 관리의 중요성을 잊지 마세요. 당신의 건전한 건강과 정신적 여유가 시작점이 돼야 합니다. 규칙적인 운동, 충분한 휴식, 스트레스 관리는 필수입니다. 어려워 보이나요? 하지만 일과 가정의 균형을 잡는 것은 평생의 과제입니다. 때로는 실패할 수도 있지만, 그것을 배움의 기회로 삼으세요. 당신만의 방식을 찾아가는 과정 자체가 가치 있는 경험이 될 테니까요."

[CASE 3] 성장하고 싶지만 방향을 잃은 후배에게

"저는 계속해서 성장하고 싶은 열정이 있어요. 하지만 어떤 방향으로 나아가야 할지 모르겠어요. 어떻게 해야 할까요?"

"자기를 성장시키려는 열정이 있다는 것은 정말 멋집니다. 그 열정을 효과적으로 활용하기 위해서는 명확한 방향과 전략이 필요합니다. 부족하지만 조언이 필요하다고 하시니 제 경험을 통해 말씀드릴게요. 우선, 장기적인 목표를 설정하세요. 5년, 10년 후의 자기의 모습을 상상하세요. 그 비전을 향해 나아가기 위해 어떤 스킬과 경험이 필요한지 파악하세요. 다음으로 다양한 경험을 쌓으세요. 새로운 프로젝트에 참여하거나, 다른 부서와 협업하는 등 여러 가지 기회를 찾아보는 걸 추천합니다. 마지막으로 '멘토'를 찾으세요. 경험 많은 선배의 조언은 당신의 성장 방향을 설정하는 데 큰 도움이 될 것입니다."

어떤가요. 잘 살펴보면 우리도 얼마든지 어른다운 조언을 할 수 있습니다. 언어는 우리가 어떤 사람이 되고자 하는지, 어떤 가치를 추구하는지와 밀접하게 관련됩니다. 우리가 어른다운 말투로 누군가에게 진심 가득한 조언을 해 준다면 우리는 스스로 주장하지 않아도 멋진 어른, 우아한 어른, 품격 있는 어른으로 인정받을 것입니다. 우리의 말투는 단순히 우리의 이미지를 결정하는 것이 아니라, 우리가 어떤 사람인지, 어떤 사람이 되고 싶은지를 보여 주는 창이라는 걸 기억하시길 바랍니다.

거침없지만
기분 나쁘지 않은 말투

"

솔직하고 거침없는 말투라니, 뭔가 듣기만 해도 위험해 보입니다. 상황에 따라서는 거북할 수도 있습니다. 그런데 솔직함과 거침없음이 오히려 매력으로 느껴지는 사람이 있습니다. 배우 윤여정 씨가 그 주인공입니다. 사실 사람들은 자신의 진정한 모습을 드러내고 솔직하게 의사소통하는 사람에게 더 호감을 느낍니다. 윤여정 씨의 거침없고 직설적인 말투는 그의 진정성을 보여 줍니다. 그리고 이는 사람들에게 매력적으로 다가오죠.

윤여정 씨는 예전엔 주연보다는 조연급의 배우였던 것으로 기억합니다. 그랬던 그는 다른 배우들과 달리 '역주행'

을 했습니다. 젊었을 때는 주연 배우였다가 나이가 들면 조연 배우로 물러나는 보통의 사람들과 달리 그는 나이가 들수록 주연급 배우로 거듭났습니다. 요즘 사람들은 그런 윤여정 씨를 '힙hip'하고 재미있다고 여기기까지 합니다. 신기합니다. 솔직히 '오래된 배우'입니다. 하지만 그는 '화제의 배우'로 제2의 전성기를 누립니다. 비결이 뭘까요?

여러 요소가 있겠지만 앞에서 언급한 것처럼 대중 매체 특히 TV 속 예능 프로그램에서 보여 준 윤여정 씨의 솔직하고 직설적인 화법이 큰 지분을 차지할 것입니다. 그가 내뱉는 말은 어른만이 가질 수 있는 통찰력이 가득한 품위 있는 말투였습니다. 언어 권력 이론Language Power Theory이라는 게 있습니다. 이 이론에서는 언어가 사회적 권력 관계를 반영하고 강화한다고 봅니다. 윤여정 씨의 말투에는 그의 오랜 인생 경험과 지혜에서 나오는 힘이 담겨 있습니다. 이 힘이 그의 언어에 권위와 설득력을 부여하는 것이죠.

윤여정 씨의 말투는 얼핏 들으면 거칠고 직설적이면서 냉정하게 보이지만 실상은 잘 설계된, 따뜻하고 아름다운, 고귀한 말투입니다. 내용 또한 당연히 훌륭합니다. 참고로 윤여정 씨가 세상에 내보낸 말들은 어록語錄이라는 이름으로 따로 정리될 정도입니다. 특히 30~40대 여성들은 그의 어록을 읽으며 '저 언니처럼 늙고 싶다.'라는 생각을 많이들 한다고 합니다. 무슨 말을 어떻게 했기에 그럴까요. 냉소적인 태도로 세상을 향해 불평하는 것 같지만 실상은 사람들을 향해 애정 가득한 격려와 조언을 아끼지 않는 윤여정 씨의 말들을 살펴보겠습니다.

[CASE 1] 배우를 꿈꾸는 관객에게

"우리 엄마는 내게 '연기는 김혜자 씨가 잘하지.'라고 말씀하셨습니다. 그런데 저는 그게 기분 나쁘지 않았고, 오히려 '김혜자 선배님처럼 되지 말아야지!'라고 생각했습니다. 그래요. 모든 배우가 특출 난 연기를 하는 김혜자 선배님처럼 되려고 하면 안 됩니다. 자신만의 길이 필요합니다. 그냥 나다워야 합니다."

사람은 자신의 행동을 스스로 결정하고 통제할 때 더 큰 동기부여를 느끼게 됩니다. 윤여정 씨는 자신의 길을 스스로 선택하고 결정했기에 성공할 수 있었다는 이야기를 했고, 이는 청중에게 자신만의 길을 가라는 강력한 메시지를 전달했습니다. 그 이야기를 윤여정 씨는 단순히 "너의 길을 가라."라고 말하지 않았습니다. 자신의 어머니가 자기를 향해 했던, 일종의 '디스dis'와 같은 말에 좌절하지 않고 자신만의 긍정적 태도로 그것을 이겨 낸 경험담을 담담하게 말합니다. '솔직한 자기 고백', 이것이야말로 '그냥 나다움'을 강조하는 윤여정 씨가 매력적으로 느껴진 이유가 아니었을까요.

[CASE 2] 포토월에서 사진을 찍지 않고 들어오면서

"제 나이가 일흔일곱입니다. 포토월에서 포즈를 취하라고요? 글쎄요. 저는 이제 제 마음대로 하고 살다가 죽으려고 합니다. 왜 여배우들은 드레스를 입고 허리에 손을 얹는 포즈를 취하고 사진을 찍어야 하는지 모르겠습니다. 저를 찍고 싶다고요? 그렇다면 그냥 지금 제 모습을 찍으세요."

말 그대로 '쿨내 진동하는' 말투입니다. 사실 그렇습니다. 왜 한껏 꾸며 낸 모습만을 보여 줘야 하는 걸까요. '자연스럽게 있는 내 모습을 찍어 달라.'라는 그의 요청에는 자연스러움을 받아들이지 않는 세상에 강력하게 저항하는 멋진 자세가 담겼습니다. 부당한 일, 사회적 억압 앞에서 저항하는 언어는 또 다른 레벨의 어른의 말투입니다. 지배적인 사회 규범과 가치에 대한 저항은 사회 변화를 이끕니다. 윤여정 씨의 말투에는 사회가 여성, 특히 나이가 든 여성에게 요구하는 모습에 대한 저항이 담겨 있습니다.

[CASE 3] 어떤 사람을 만나야 하느냐는 질문에 대해

"누굴 만나더라도 고급인 사람과 놀길 바랍니다. 나보다 나은 사람과 만나야 내가 발전하는 거지 나보다 못한 사람하고 노는 건 아닌 것 같습니다. 나보다 못한 사람에게 명령하는 걸 즐기는 사람들도 있지만 저는 그러고 싶지는 않습니다."

이 답변은 윤여정 씨의 데뷔작 영화 〈화녀〉의 감독이었던 김기영 감독을 떠올리며 했던 말입니다. 그는 여기에 덧붙여 말합니다. "당시 내가 왜 이 남자에게 선택받았을까 저주를 퍼부었습니다. 제가 다시는 배우 일을 안 하겠다고 생각했던 영화입니다. 너무 혹독한 시간이었으니까요. 그러나 그만큼 많이 배웠습니다. 감독님은 천재였습니다." 힘들었으나 성장의 기회가 됐다고 말하는 윤여정 씨의 말은 성숙한 어른의 모습 그 자체입니다. 힘든 경험도 성장의 기회로 삼을 줄 아는 그의 인생관이 멋진 어른의 언어로 정리됐습니다.

나는 나답게, 너는 너답게

이뿐 아닙니다. '윤여정 어록'은 끝이 없습니다.

① "세상의 모든 것들, 언젠가는 저뭅니다. 젊을 때는 아름다운 것만 보이겠지만, 아름다움과 슬픔은 같이 갑니다."

② "저는 배고파서 연기했는데 남은 극찬을 하더라고요. 그래서 예술은 잔인합니다. 배우는 돈이 필요할 때 연기를 가장 잘합니다."

③ "'윤여정은 이혼녀야. TV에 나와선 안 돼!' 그땐 사람들이 그랬어요. 근데 지금 저를 아주 좋아해 주세요. 이상하죠. 하지만 그게 인간이에요."

④ (윤여정 씨를 두고 '한국의 메릴 스트리프'라고 소개한 것에 대해) "칭찬인 건 알지만 그건 일종의 스트레스입니다. 메릴 스트리프는 세계적으로 유명한 여성이고, 저는 단지 한국의 윤여정입니다. 모든 사람은 다릅니다. 저는 나 자신이 되고 싶습니다."

⑤ "내가 처음 살아 보는 거잖아. 나 예순일곱 살 처음이야. 내가 알았으면 이렇게 안 하지."

⑥ "세상은 서러움 그 자체고, 인생은 불공정, 불공평이야. 그런

데 그 서러움은 내가 극복해야 하는 것 같아."

⑦ "아쉽지 않고 아프지 않은 인생이 어디 있어? 내 인생만 아쉬운 것 같지만 다 아프고 다 아쉬워. 난 웃고 살기로 했기 때문에. 그래서 내가 헛소리를 좋아해."

⑧ "우리는 낡았고 매너리즘에 빠졌고 편견이 있잖아요. 살아온 경험 때문에 많이 오염됐어요. 이 나이에 편견이 없다면 거짓말입니다. 그런데 어른들이 젊은이들에게 '너희가 뭘 알아?'라고 하면 안 되죠."

⑨ "나는 나답게, 너는 너답게 살면 돼. 어른이라고 해서 꼭 배울 게 있어?"

①은 인생의 무상함과 아름다움의 이중성을 포착한 철학적 통찰입니다. 삶의 모든 순간이 지나가는 것임을 인정하면서도, 그 안에 담긴 아름다움과 슬픔의 공존을 이해하는 성숙한 시각을 보여 줍니다. ②는 어떤가요. 여기서 윤여정 씨는 예술의 본질과 창작의 동기에 대한 흥미로운 관점을 제시합니다. 현실적인 필요와 예술적 성취의 관계를 솔직하게 드러내며, 예술 창작의 복잡한 측면을 간결하게 표현하고 있습니다. ③에서는 사회적 편견의 변화와 인간 본성의 모순을 날카롭게 지적합니다. 개인의 경험을 통해 사회 변화를 조명

하면서, 인간의 복잡한 본성을 이해하고 받아들이는 너그러운 태도를 보여 줍니다. 그리고 ④에서는 자아 정체성의 중요성과 개인의 고유성을 강조합니다. 타인과의 비교를 거부하며 자신만의 독특한 가치를 인정하는 강한 자아 인식을 보여 줍니다. ⑤는 인생의 불확실성과 매 순간의 새로움을 인정하는 겸손한 태도, 나이와 상관없이 계속되는 학습과 성장의 과정을 강조하며, 삶에 대한 열린 태도가 담겨 있습니다. ⑥을 통해서는 현실에 대한 냉철한 인식과 동시에 개인의 책임과 성장 가능성을 강조하는 그의 균형 잡힌 시각을 엿볼 수 있습니다. 세상의 불공정함을 인정하면서도, 그것에 굴복하지 않고 극복하려는 의지가 느껴집니다. ⑦에서는 인생의 보편적 고통과 불완전함을 인정하면서도, 그 속에서 긍정적인 태도를 선택하는 지혜를 보여 줍니다. 모든 사람의 삶에 아쉬움과 고통이 있다는 인식은 자신의 어려움을 객관화하고 타인과 연결되는 감각을 제공합니다. ⑧은 자기 성찰과 세대 간 이해의 중요성을 강조합니다. 자신의 한계를 인정하면서도 젊은 세대의 가치를 존중하는 균형 잡힌 시각을 제시합니다. 마지막 ⑨는 개인의 고유성과 다양성을 존중하는 철학을 담고 있습니다. 나이와 경험에 관계없이 각자의 방식대로 살아갈 권리를 인정하며, 삶의 다양한 형태를 포용하는 열린 마음을 보여 줍니다.

저는 특히 마지막 말이 멋지게 느껴졌습니다. '어른이라고 꼭 배울 게 있어?'라는 말, 겸손과 함께 자신감도 보여 주는 강렬한 말투가 아닌가 합니다. 이렇듯 윤여정 씨 말의 면면을 보면 솔직함을 넘어 지나칠 정도로 직설적인 것 아닌가 하는 생각이 들 정도입니다. 하지만 윤여정 씨의 말이 어른의 말투로서 최고의 레벨인 이유가 있습니다. 그의 말투는 절대 상대방을, 누군가를 '깎아내리지' 않습니다. 물론 자신을 무작정 낮추지도 않았죠. 할 말은 하되 품위를 지켰습니다.

이런 품위 있는 어른의 말투는 나이가 든다고 자연스레 얻어지지 않습니다. 그것은 오랜 세월 동안의 경험과 성찰, 그리고 타인에 대한 이해와 존중을 통해 만들어집니다. 윤여정 씨의 말투에는 그런 깊이가 담겨 있습니다. 윤여정 씨처럼, 인생의 깊이를 담은 말투를 멋지게 구사하는 어른이 되길 꿈꾸어 봅니다. 그리고 그 꿈을 향해, 오늘도 우리의 언어를 갈고닦아 나가고자 합니다. 진실하고 솔직하되 품위 있게, 그렇게 우리만의 어른의 말투를 완성해 나가는 것, 그것이 우리에게 주어진 과제니까요.

'부티' 나게 지적하는 법

'부티'(富티)는 '부자+티'의 합성어입니다. 물론 속어이지만요. 단어의 뜻은 단순합니다. '부유하게 보이는 모습이나 태도'입니다. '부티' 나게 보이고 싶은 마음, 그 누군들 없을까요. 소위 '빈티' 나서 무시를 당하는 것보다 '부티' 나서 대우받는 게 백배는 나을 것입니다.

사람들이 '부티'를 추구하는 것도 인상 관리 중 하나입니다. 자신의 이미지를 부유하고, 성공한 느낌으로 만들기위한 시도라고 할 수 있죠. '부티'는 겉으로 보이는 외모만으로 나타나지 않습니다. 어떤 면에서는 모습보다 말투가 '부티'를 결정합니다.

한 회사의 팀장인 김 과장은 신입 이 사원의 업무 태도에 문제가 있다고 느꼈습니다. 이 사원은 종종 회의 시간에 늦거나, 보고서를 마감 시간에 임박해서야 제출했습니다. 김 과장은 이 문제를 어떻게 지적해야 할지 고민했습니다. "왜 자꾸 지각하고 일 처리가 늦죠? 이런 식이면 곤란해요."라고 말하면 이 사원의 자존감을 떨어뜨리고 업무 의욕을 꺾을 수 있습니다. 관계도 멀어질 수 있을 테고요. 그렇다면 이건 어떨까요? "잠깐 이야기 좀 할 수 있을까요? 최근 프로젝트에서 이 사원의 열정과 아이디어가 인상적이었어요. 그런데 가끔 시간 관리에 어려움이 있는 것 같아 걱정돼서요. 혹시 업무량이 너무 많나요? 아니면 일정 관리에 도움이 필요한 부분이 있나요? 우리가 함께 이 부분을 개선할 방법을 찾아보면 좋겠어요." 이 사원의 장점을 인정하면서도 개선이 필요한 부분을 명확히 지적하고, 동시에 해결책을 함께 모색하자는 제안을 담은, 단순한 비판이 아닌 건설적인 피드백입니다. 이런 말투, 상대방의 성장을 돕는, '부티' 가득한 어른다운 지적이 아닐까요.

다른 사례도 있습니다. 한 남자가 있습니다. 어렸을 땐 그렇게 '빈티'가 났던 사람입니다. 스스로 생각하기에도 그랬고, 타인들의 평도 다르지 않았죠. 남들처럼 '있어 보이고' 싶었지만 남들이 자기를 '없어 보인다'고만 하니 속이 많이 상했답니다. 하지만 20대를 지나 30대 중반에 이른 지금 그는 사람들로부터 '부티 난다'는 말을 자주 듣는다고 합니다. 이상했습니다. 예전이나 지금이나 그는 인터넷 쇼핑몰에서 무료배송 조건을 꽉 채운 1만~2만 원대 옷을 즐겨 입습니다. 그런데 도대체 왜 사람들의 평가가 달라진 걸까요? 그와 이야기를 나누면서 저는 그가 10년 넘는 시간 동안 자신의 말투와 행동을 잘 다듬었기 때문이란 걸 알아챌 수 있었습니다. 그는 비싼 옷을 입어서 생기는 '가짜 부티'가 아니라 말투와 태도에서 자연스럽게 나오는 '진짜 부티'를 만들었습니다. 그는 자신의 긍정적 변화에는 주변 사람들의 공이 컸다고 말하며 고마워했습니다. 자신의 대학 시절 룸메이트이자 사회에 나와서도 가깝게 지낸 친구가 이렇게 코치했다고 합니다. "너 말이야, 굳이 그렇게 행동할 필요 없어. 네 모습 그대로도 괜찮으니까. 다만, 말할 때 좀 더 또렷하게, 조금만 천천히, 그리고 상대방의 눈을 보면서 이야기하면 어떨까?" 친구의 조언을 진심으로 고맙게 여기고 조금씩 말투를 개선했더니 '부티'가 저절로 따라왔답니다.

　우리가 사용하는 말투, 즉 언어는 사회적 가치, 규범, 정체성을 전달하는 수단입니다. 이 남자 역시 언어, 즉 말투를 변화시킴으로써 자신의 사회적 정체성과 이미지를 변화시켰습니다. 아무리 명품으로 몸을 휘감아도 말 하나, 행동 하나가 천박하면 오히려 그 몸에 걸친 명품은 '빈티', 특히 '정신적 빈티'를 드러내는 더 강력한 수단이 되고 맙니다. 평범한 브랜드의 청바지와 티셔츠를 걸쳐도 말과 행동이 '부티'가 나면 그 평범한 브랜드조차, 아니 그 평범한 브랜드가 오히려 명품으로 보이게 됩니다. 말투는 한 사람의 '언어적 사회화'의 중요한 도구입니다.

   이번에는 한 대기업의 신입 정 사원에 관한 이야기입니다. 그는 뛰어난 실력을 갖추고 있었지만, 비즈니스 매너가 부족했습니다. 특히 상사나 선배들과 대화할 때 반말을 섞어 쓰는 등의 문제가 있었죠. 자신은 나름대로 친밀함의 표현이라고 생각했나 봅니다. 인사팀 김 부장은 이 문제를 어떻게 지적할지 고민했습니다. 그러다 정 사원을 따로 불러 조언하기로 했습니다. "정 사원, 당신의 업무 능력이 뛰어나다는 걸 모두가 인정하고 있어요. 그런데 한 가지 제안하고 싶은 게 있는데, 괜찮을까요? 다름이 아니라 회사에서는 언어 사용이 매우 중요합니다. 특히 상하 관계에서의 존댓말 사용은 예의를 넘어 전문성을 보여 주는 척도가 되기도 해요. 앞으로 조금 더 신경 써서 말하면, 정 사원의 뛰어난 능력이 더욱 빛을 발할 수 있을 것 같아 하는 이야기예요. 어떻게 생각하세요?"

과거와 달리 최근 직장에서는 선후배 관계가 수평적으로 변화하면서 선배가 후배에게 조언하길 꺼리는 경우가 많다고 합니다. 하지만 진정 후배를 아끼는 선배라면 조금은 불편할 수 있는 말도 아낌없이 표현하는 선배여야 하지 않을까요. 후배가 직장에서 자기의 역할을 하는 구성원에 머무르지 않고, 진정한 '부티'를 뿜어내는 인재로 성장하길 바란다면 말입니다. 다만 조언 역시 조심스러워야 합니다. 조언이 강압이나 불편함이 되는 순간 그것은 관계 파멸의 시작일 수도 있으니까요.

이번에는 '부티' 나는 말투를 사용하는 유명인을 소개하려 합니다. 저는 오랫동안 앵커를 한 손석희 씨를 꼽습니다. 그는 말 그대로 우리나라의 국가대표급 언론인입니다. 60대 중반이 훌쩍 넘은 나이임에도 현역으로 활동하는 방송사 앵커 분야의 전설과도 같습니다. 그의 이력은 화려합니다. 그의 이름을 알린 MBC 뉴스데스크 앵커 시절, 그는 잘 정돈돼 있으면서도 따뜻한 말투로 시청자들을 사로잡았습니다. MBC 국장을 거쳐 JTBC에 입사한 후 JTBC 뉴스룸 메인 앵커 겸 JTBC의 보도, 시사, 교양 담당 사장을 역임했으며,

2018년 11월에는 방송사의 대표이사 사장으로 승격됐죠. 최근에는 다시 친정인 MBC에서 새로운 프로그램을 맡아 진행하기도 했습니다.

그가 이렇게 승승장구할 수 있었던 이유, 그리고 긴 시간 현장에서 뉴스를 직접 진행할 수 있었던 비결은 도대체 무엇일까요. 저는 어른다우면서도 '부티' 나는, 손석희 씨 특유의 말투 덕분이라고 하겠습니다. 그의 말투는 단순한 의사소통의 도구로만 기능한 게 아니라 자신의 사회적 권력 관계를 선한 방향으로 강화한 느낌이 듭니다. '부티'만 나는 게 아닙니다. 나이 일흔이 코앞임에도 그의 목소리는 청춘입니다. 목소리만 듣고 있자면 손석희 씨의 나이를 짐작조차 하기 힘듭니다.

나이에 따라 목소리와 말투도 같이 노화하는 게 일반적인데 손석희 씨는 삶에 찌든, 거친 목소리가 나질 않으니 산뜻해 보입니다. 이런 그의 목소리는 상대방을 배려하는 태도에서 비롯된 게 아닐까 싶습니다. 고집스럽지 않은, 유연한 사고를 언어로 나타내다 보니 그 목소리마저 덩달아 청춘으로 회귀한 듯합니다. 손석희 씨의 목소리는 그의 우아함, 권위, 젊음을 상징하는 강력한 이미지로 작용하고 있으며 늘 단정하게 정리된 외모는 그런 이미지를 더 강화합니다.

손석희 씨의 '부티' 나는 말투와 태도는 개인적인 매력을 넘어, 그가 다른 사람의 잘못을 지적할 때도 효과적으로 작용합니다. 예를 들어 한 정치인이 그가 진행하는 프로그램에 출연했을 때 사실과 다른 내용을 언급하자 손석희 씨는 이렇게 대응합니다. "의원님, 방금 말씀하신 내용 중에 한 가지 확인이 필요할 것 같습니다. 제가 가진 자료에 따르면, 의원님께서 언급하신 통계와 실제 정부 발표 자료 사이에 차이가 있습니다. 혹시 이 부분에 대해 추가로 설명해 주실 수 있을까요?" 상대방을 직접적으로 비난하거나 틀렸다고 지적하지 않으면서도, 사실 확인의 필요성을 명확히 전달하는 현명한 말투입니다. 전문성과 예의를 동시에 갖춘 '부티' 나는 말투의 훌륭한 예시입니다.

　　뉴스를 전하는 목소리, 인터뷰 자리에서 상대방을 향해 질문하는 자세, 목소리 톤이나 군더더기 없는 논리 정연한 언변, 이 모든 요소가 손석희 씨의 '부티' 나면서도 듣기 좋은 말투를 완성합니다. 손석희 씨의 언어 사용, 즉 그의 말투, 화법 등은 목소리를 포함해 그의 사회적 역할과 맥락에 완벽하게 일치하면서도 동시에 그만의 개성과 스타일을 반영하고 있습니다. 물론 손석희 씨의 말투가 100점 만점에 100점이라고 말하지는 않겠습니다. 극히 개인적인 저의 관점에서는 따뜻함이 조금 부족하게 느껴집니다. 화면으로 만나는 그는—영상만으로 그를 만날 수밖에 없었기에— 조금 차갑다는 생각이 드는 것이죠. 손석희 씨가 직속 상사라면? 글쎄요, 솔직히 말해 조금 무서울 것 같습니다. 팀원이 잘못했을 때 "괜찮아. 힘들지?"라고 위로하기보다는 "이겨 내야지!"라고 할 것만 같은 느낌 때문입니다.

하루 10분, 롤모델 말투를 따라 하기

그래도 여전히 손석희 씨의 말투와 목소리는 부럽습니다. 한 살 한 살 나이를 먹어 가면서 저는 손석희 씨의 목소리와 말투를 잘 듣고 따라 하고 싶다는 욕심이 생깁니다. 특히 나이보다 열 살, 스무 살은 젊어 보이는 그의 목소리는 여전히 흠모의 대상입니다. 개인적으로 저는 나이보다 젊어 보이고 싶은 분들에게—아무래도 중장년 남성들이겠으나—이런 말씀을 드리고 싶습니다. 운동하고, 유행하는 스타일의 옷을 입어 보는 것도 좋겠습니다만 그보다는 손석희 씨의 말투를 가만히 살펴보면서 자꾸 따라 해 보자는 것입니다. 돈도 들지 않고, 시간도 아끼면서 자신의 이미지를 '부티' 나게, 그리고 젊어 보이게 만드는 더 확실한 방법입니다.

저는 '나이 먹으면서 해야 할 훈련' 목록에 하나를 추가하려 합니다. '저녁 식사 후 손석희 씨 말투 10분 따라 하기'입니다. 괜찮지 않나요? 우리는 새로운 행동을 반복적으로 연습함으로써 그것을 습관으로 자리 잡게 할 수 있습니다. 말투에 한정된 이야기가 아닙니다. 우리가 어떤 사람이 되고 싶은지, 어떤 가치를 추구하며 살아가고 싶은지에 대한 이야기이기도 합니다. '부티' 그리고 어른다움, 이것은 겉모습의 문제가 아니라 내적인 가치와 태도의 문제입니다. 나이가 들어간다고, 어른이라고 해서 누군가의 좋은 것을 배우지 않는다면 그건 게으른 것입니다. 자신만의 롤모델을 찾아 그의 언어와 행동을 모방하고 내면화함으로써 우리 자신을 변화시키고 성장시킬 수 있어야 합니다.

쉽지 않은 과정일 것입니다. 오랜 시간 형성된 말투와 습관을 바꾸는 것은 결코 간단한 일이 아니니까요. 하지만 지속적인 노력의 누적, 즉 꾸준한 연습과 모방이 우리를 변화시킬 수 있다는 건 명백한 사실입니다. '저녁 식사 후 손석희 씨 말투 10분 따라 하기' 등의 노력은 우리 삶의 변화를 위한 하나의 실천 방안이자, 우리가 추구해야 할 가치를 일상에서 재현하는 방법입니다.

'부티' 나는 말투를 연마했다면 지적해야 하는 상황에

서 지혜롭게 사용해 보세요. 감을 잡기 어려울 때는 손석희 씨라면 어떻게 말했을까 생각하면서요. 일을 처리하거나 발전을 위해 종종 지적이 필요한 순간이 있지만 말하는 사람도 듣는 사람도 쉽지 않은 시간입니다. 그럴 때 '부티' 나는 말투는 긴장을 줄일 수 있습니다. 불편한 이야기일수록 예를 갖춰 말하는 것이 중요합니다.

지적할 때도
절대 해서는 안 되는 말

"

미국 퍼듀 대학교 영문과 교수 록산 게이Roxane Gay는 자전적 수필《헝거Hunger》를 출간해 큰 사랑을 받았습니다. 이 책에는 록산 게이가 열두 살 때 좋아하는 남자친구와 그의 친구들 여럿에 의해 성폭행당했던 고통이 고스란히 담겼습니다. 그는 이 사건 이후 큰 결심을 합니다. 스스로 '무거운 사람'이 되기로 한 것입니다. 성적 욕망의 대상이 되지 않으려는 몸부림 속에서, 강간의 상처와 가능한 한 멀어지기 위한 방법으로, 그는 자신의 몸무게를 늘리는 방식을 택했습니다. 그는 자기 몸을 자신에게 가장 필요한 상태, 즉 '안전한 상태'로 만들겠다고 결심했는데 그의 표현에 의하면, '작고 연약한 배'가 아닌 '크고 묵직한 항구'와 같은 몸을 만들었다고 합니다. 그는 그렇게 몸무게를 250킬로그램까지 늘렸습니다.

　　이런 정보 없이 그의 모습을 길거리에서 봤다면 어떻게 판단했을까요? '자기 관리를 못하는 사람이네. 어떻게 저렇게 될 때까지 관리를 안 했지?'라고 쉽게 생각하지 않았을까요? 더는 상처받고 싶지 않아서 세상과 거리를 두려는 그의 처절한 노력은 모른 채 오직 지나가면서 우연히 본 사람의 시각에서 타인을 잘못 판단하는 오류를 범했을 것입니다. '잘 알지도 못 하면서' 누군가를 판단하는 건, 일종의 폭력입니다.

　　성숙한 어른은 혐오 혹은 편견의 언어를 사용하지 않습니다. 우리 사회엔 무심코 내뱉는 차별적 언어들이 만연해 있습니다. 여성을 비하하는 말, 나이 든 사람을 조롱하는 말, 외모나 직업, 장애를 이유로 누군가를 깎아내리는 표현들까지 말이죠. 이러한 언어 폭력은 개인의 존엄성을 훼손하고 사회의 다양성을 인정하지 않는 태도에서 비롯됩니다.

- 걔는 외모도 별론데 자존심은 왜 그리 센지 몰라.
- 남자가 계집애처럼 뭘 그렇게 구시렁거리냐!
- 넌 뚱뚱한 애가 무슨 미니스커트야.

차별의 언어가 난무하는 이유 중 하나는 우리가 '다름'에 대한 이해와 포용력이 부족하기 때문일 것입니다. 사회심리학에서 이야기하는 내집단 편애(편파) 이론In-group favoritism에 따르면, 사람들은 자신이 속한 집단의 사람들에게는 친밀감을 느끼는 반면, 외집단의 구성원들에겐 차별적인 태도를 보이는 경향이 있다고 합니다. 하지만 이는 어디까지나 우리가 이겨 내야 할 이론에 대한 설명일 뿐 우리의 잘못된 말투와 행동을 정당화하는 근거가 될 순 없습니다. 서로의 다양성을 인정하고 존중하는 자세야말로 현대 사회를 살아가는 전 세계 모든 사람들에게 요구되는 덕목이기 때문입니다. 그러니 차별적 언어가 입에서 나오려는 순간 그건 어른의 말투가 아님을 알아차려야 합니다. 그리고 고쳐서 말할 수 있어야 합니다. 다음과 같이 말이죠.

● 걔는 외모도 별론데 자존심은 왜 그리 센지 몰라.
  ⋯→ 그 친구의 행동이 이해가 가지 않아. 무슨 일 있나?
● 남자가 계집애처럼 뭘 그렇게 구시렁거리냐!
  ⋯→ 불평하지 말고 건설적인 제안을 해 줘.
● 넌 뚱뚱한 애가 무슨 미니스커트야.
  ⋯→ 다른 사람 의식하지 말고 입고 싶은 거 입어도 돼.

한결 어른다운 말투가 느껴지지 않나요. 예전에는 일상 속에 상대의 신체적 약점을 공격하는 언어들이 만연했습니다. 안경을 쓴 사람에게는 '안경잡이', 키가 작은 사람에게는 '짜리몽땅'이라고 부르는 식으로 말이죠. 듣는 사람이 기분 나쁜 티를 내면 그냥 웃자고 하는 농담에 왜 정색하느냐며 도리어 당한 사람 탓을 했습니다. 지금은 어떤가요? 단어만 바뀌었지 여전히 외모를 평가하고 차별하는 말들이 넘쳐납니다. 이런 말들은 개인의 다양성을 인정하지 않는 편협한 시선에서 비롯됩니다. 넓은 시야로 타인을 이해할 줄 알아야 합니다. 세상엔 나와 다른 처지, 경험을 지닌 사람들이 있음을 인정하고, 그들을 존중하는 언어를 선택하는 지혜가 필요합니다. 타인을 배려하는 말이 습관이 된 사람, 상대의 아픔에 진심으로 공감할 줄 아는 사람, 차이를 차별로 대하지 않고 다양성의 가치를 알아보는 사람이야말로 성숙한 어른이자 품격 있는 소통의 달인이라 할 수 있을 것입니다.

틀린 게 아니라 다른 것

우리 사회는 유독 차이를 잘 인정하지 않는 것 같습니다. 대신 차별을 합니다. 말할 때도 '다르다'라는 표현보다

'틀리다'라는 표현을 더 쉽게, 많이 사용하는 게 그 방증입니다. 타인을 나와 다른 존재로 구분하고 인정하지 않는 데서 오는 '혐오' 감정은 우리가 막 엄마 배에서 나와 경험한 '두려움'에서 기인한다고 합니다. 갓난아기들은 어떤 위험이 도사리고 있을지 모르는 외부 세계에 대한 두려움, 스스로 몸조차 가누지 못하는 무력감에서 오는 두려움을 오롯이 견뎌 냅니다. 성장하면서 이런 감정은 점점 사라지지만 마음속 깊은 곳에 새겨진 두려움은 분노와 혐오, 그리고 시기로 변화해 자신이 입은 피해를 타인에게 돌리는 결과로 이어지는 것이죠.

이런 과정을 거쳐 나타나는 것이 차별적인 태도 혹은 말투입니다. 자신의 결핍이나 부족을 자각하고 싶지 않은 마음에, 무의식중에 그것을 타인에게 투사하는 심리 기제가 작동한 결과이자 내면의 어둠을 직면하기보다 남에게 전가하려 드는 방어 본능입니다. 잘못된 본능은 이겨 내라고 존재하는 것입니다. 타인을 향한 편견과 차별, 언어 폭력의 악순환에서 벗어나기 위해 노력해야 합니다. 그러기 위해서는 역지사지易地思之의 마음을 갖는 게 우선일 것입니다. 상대방의 입장에서 나의 말투를 평가해 보는 것이죠.

예를 들어, 다리를 다쳐 절뚝거리며 걷고 있는데, 그

런 내 모습을 보고 누군가가 "절름발이!" 하면 기분이 어떨까요? 어릴 때 크게 물린 경험이 있어 개를 무서워하는 내게 "무슨 남자가 개를 무서워하냐?"라고 말한다면 또 어떨까요? 제3자의 입장에서는 쉽게, 혹은 장난스럽게 던진 말을 내가 듣는다고 생각해 보면 말의 무게를 깨달을 수 있을 것입니다.

평소 같으면 그렇게 말하지 않지만 화가 나면 상처 주는 말을 함부로 쏟아 내는 사람도 있습니다. 상처를 줄 대로 다 준 뒤에 "화가 나면 무슨 말인들 못 하냐!" "너무 화가 나서 한 말이지 진심은 아니었어."라고 말하면 모든 게 용서될까요? 넘어갈 수 있는 말도 있겠지만 차별과 혐오의 표현은 듣는 이에게 큰 상처를 남기고 쉽게 잊히지도 않습니다.

상황 탓을 하기보다 언제나 신중하고 예의 바르게 말하려 노력하는 태도, 이것이야말로 언어적 공감의 출발점이자 어른의 말투의 시작입니다. 상대의 감정을 살피고 배려하는 언어 습관을 기를 때 차별과 혐오가 아닌 존중과 공감의 대화가 가능해집니다. 나와 상대방이 다른 배경과 견해를 지녔음을 인정하고, 그럼에도 대화와 이해의 끈을 놓지 않는 것, 그렇게 차이를 인정할 때 비로소 '다름'이 '틀림'으로 치부되지 않는 성숙한 관계가 가능해집니다.

비난하지 않고
원하는 걸 말하기

99

말은 외부에서 들어온 자극과 생각이 충돌하며 나타나는 자동적인 반응입니다. 외출했다가 돌아온 집의 주방이 먹다 남은 음식으로 엉망진창 어지럽혀져 있다고 해 보겠습니다. 이 모습을 본 당신은 남편에게 "아이, 참, 라면 끓여 먹었으면 설거지라도 좀 하지!"라고 소리칩니다. 알고 보니 남편은 라면을 먹다 말고 화장실이 급해 잠시 자리를 비운 상황이었습니다.

언어 반사 이론Linguistic Reflex Theory에 따르면 외부 자극에 대한 자동적이고 무의식적인 반응이 관계를 망칩니다. 남편이 어지른 집을 본(외부 자극) 당신은 주변이 지저분한 것에

화가 나(생각의 충돌) 본능에 충실한 자동적인 반응(화를 냄)을 보였습니다. 남편은 억울함을 호소할 것입니다. 당신은 남편에게 미안함을 느끼긴 하겠지만 이미 늦었습니다. 한번 쏟아 낸 말은 주워 담을 수 없으니까요. 이러한 언어 반사적 반응의 문제점과 그것을 극복하는 방법을 잘 보여 주는 마하트마 간디Mahatma Gandhi의 일화가 있습니다. 간디가 자신의 어린 시절 경험을 회상한 자서전에서 밝힌 이야기입니다.

간디의 아버지가 병석에 누워 있을 때였습니다. 간디는 아버지를 간호하다가 잠시 외출했는데 그 잠깐 사이에 아버지가 세상을 떠나고 말았습니다. 간디는 그 순간 자리를 지키지 못 한 것에 깊이 자책했습니다. 그리고 이 경험을 통해 하나의 교훈을 얻었습니다. 매 순간 신중하고 조심해야 한다는 것을 말이죠. 그 뒤부터 그는 자신의 즉각적인 감정 반응을 억제하고, 상황을 깊이 있게 이해한 후에 반응하는 습관을 들이게 됐습니다. 1930년대 영국 식민 정부와의 협상 과정에서 모욕적인 발언을 듣게 됐을 때 즉각적으로 분노하거나 반박하는 대신 잠시 침묵하고 생각한 다음, 차분하고 논리적인 방식으로 대응할 수 있었던 것도 이날의 깨달음 덕분이었을 것입니다.

간디는 상대방의 관점을 이해하려 노력했습니다. 특히

자신의 감정을 인식하면서도 그것에 휘둘리지 않았습니다. 대신 상황을 객관적으로 바라보고, 상대방의 감정과 필요를 고려하면서 자신의 의견을 표현했습니다. 간디의 이런 의사소통 방식은 그의 정치적 활동에서 큰 힘을 발휘했습니다. 영국 정부와의 협상은 물론, 인도 내 다양한 종교 집단 간의 갈등 해결에서도 그는 이 접근법을 사용했습니다. 그 결과, 이 적대적인 상황에서도 상대방의 존중을 받으며 효과적으로 자신의 의견을 전달할 수 있었습니다.

간디의 사례는 우리에게도 중요한 교훈을 줍니다. 즉각적인 감정 반응을 자제하고, 상황을 깊이 이해한 후 반응하는 것이 얼마나 중요한지 말입니다. 이는 가정에서의 대화에도 적용될 수 있습니다. 배우자나 자녀의 행동에 대해 즉각적으로 비난하는 대신 잠시 멈추고 그들의 생각을 이해하려 노력한다면, 그리고 그 후 비로소 입을 열어 조심스럽게 말할 줄 안다면, 건강한 관계를 보장하는 어른의 말투를 잘 구사하는 것이라 할 수 있습니다.

이러한 의사소통 방식으로 간디는 오늘날 비폭력 대화의 선구자가 됐습니다. 이 기법은 판단이나 비난 없이 관찰한 사실을 말하고, 자신의 감정과 욕구를 표현하며, 구체적인 요청을 하는 방식으로 구성됩니다. 이러한 방식은 가정에서의 갈등 상황을 해결하는 데 매우 효과적일 수 있습니다.

다시 앞서 언급한 주방 상황으로 돌아가서 간디 스타일로 접근해 보면 어떻게 말할 수 있을까요? "주방에 설거지가 안 된 걸 보니(관찰) 좀 당황스럽다(감정). 나는 집에 돌아왔을 때 깨끗한 주방을 보고 싶어(욕구). 다음에는 식사 후에 바로 설거지를 해 주면 좋겠어(요청)."라고 할 수 있습니다. 뭔가 복잡해 보이지만 몇 번 연습하면 우리도 얼마든지 이렇게 말할 수 있습니다. 상대를 비난하지 않으면서도 자신의 감정과 욕구를 명확히 전달할 수 있게 되는 것이죠. 간디의 사례는 우리에게 언어 사용의 힘과 함께 그 말에 대한 책임을 알려 주는 듯합니다. 우리의 말은 소리의 나열이 아니라, 관계를 형성하고 변화를 이끄는 강력한 도구입니다. 간디처럼 신중하고 사려 깊은 말투를 사용한다면 가정과 사회에서 더 나은 관계를 만들 수 있을 것입니다.

마음을 들여다보고 구체적인 표현으로

우리가 올바른 언어 생활에 실패하는 이유는 '외부 자극-생각의 충돌-반응' 과정에 대한 조절이 미숙하기 때문입니다. 특히 마지막 순간에 자신을 제어하지 못 하고 자동 반사적으로 튀어나오는 말들이 문제가 됩니다. 이는 곧 자기 조절의 실패라고 할 수 있는데 이렇게 무의식적으로 내뱉는 말로 인해 문제를 만들고 싶지 않다면, 이 자동적인 반응에 우리가 적극적으로 개입해야 합니다.

"나도 모르게 내면에서 이뤄지는 과정이므로 섣불리 개입할 수 없지 않나요?"라고 되물을 수도 있겠습니다. 맞습니다. 과정에 개입하기는 어렵습니다. 하지만 그렇다고 해서 외부 자극에 무의식적으로 반응하려는 바로 그 찰나의 순간에 의도적인 노력을 통해 자신을 제어하면서 말투를 조절하려는 노력을 포기해서는 안 됩니다. 이러한 자기 조절 능력은 꾸준한 연습과 의식적인 노력을 통해 향상될 수 있습니다. 우리는 일상적인 대화 상황에서 잠시 멈추어 생각하는 습관을 들이고, 자신의 감정과 반응을 객관적으로 관찰하는 능력을 키워야 합니다. 이런 노력은 더 나은 인간관계, 더 원만한 사회적 상호작용을 보장할 것입니다.

무엇부터 시작해 볼까요. 맨 처음 이야기했듯 자기 목소리를 관찰하는 것에서부터 시작하면 좋겠습니다. 상대에게 인정받고 싶은 '탐욕'이라는 번뇌가 클수록 우리는 큰 목소리로, 속사포처럼 빨리 이야기하게 됩니다. 이때 우리가 자기 자신의 목소리에 귀를 기울여 볼 줄만 알아도, 말의 내용보다는 말의 형태가 어떠한지에 초점을 맞춰 들을 줄만 알아도 말투를 조절할 수 있습니다. 말투뿐만이 아닐 것입니다. 다양한 관점에서 자신을 바라보는 건 스스로에 대한 이해를 높이는 방법이기도 합니다. 자신을 잘 아는 사람은 자존감이 높습니다. 자존감이 높은 사람은 타인과의 관계를 지혜롭게 구축하고 인간관계도 잘 풀어 나갈 수 있습니다. 그러다 보면 삶에 대한 만족감도 높아집니다. 말투 역시 우리 스스로 관찰해야 할 대상입니다.

이러한 자기 관찰과 자기 이해의 중요성은 고대 그리스 철학자 소크라테스의 "너 자신을 알라!"라는 격언에서도 강조됩니다. 이 개념은 단순히 자신의 장단점을 아는 것을 넘어서, 자기의 생각, 감정, 행동 패턴을 깊이 있게 이해하고 성찰하는 걸 의미합니다. 자신의 인지 과정을 인식하고 조절할 줄 알아야, 즉 우리가 어떻게 생각하고, 말하고, 행동하는지를 인식하고 그것을 조절할 수 있는 능력을 지녀야 우리는 어른의 말투를 구사할 수 있습니다. 예를 들어, 가정에서의 의사소통에 이를 적용하고자 한다면 대화를 시작하기 전에, 혹은 말하는 중간에 다음과 같은 질문을 스스로, 그리고 수시로 해 보면 좋겠습니다.

- 나는 어떤 방식으로 말하고 있는가?
- 내 말투가 상대에게 어떤 영향을 미치고 있는가?
- 내가 전달하고자 하는 메시지의 핵심은 무엇인가?
- 이 상황에서 가장 효과적인 의사소통 방식은 무엇인가?

이런 자기 성찰적 질문들은 우리의 의사소통 방식을 개선하는 데 큰 도움을 줄 수 있습니다. 가정에서 자녀의 성적이 떨어졌을 때를 예로 들어 보겠습니다. 먼저, 자신의 감정 상태를 인식합니다. '나는 지금 실망감과 걱정을 느끼고 있구나.' 다음으로 이 감정이 어떻게 표현될 수 있을지 생각합니다. '이 감정 때문에 내 말투가 공격적이거나 비난조가 될 수 있겠어.' 그리고 상대방, 즉 자녀의 입장을 생각해 봅니다. '아이도 이미 자기 성적에 대해 스트레스를 받고 있을 거야.' 마지막으로 가장 효과적인 의사소통 방식을 선택합니다. '비난보다는 지지와 격려의 말을 해 주는 것이 좋겠어.' 이런 과정을 거치면 우리는 다음과 같이 말할 수 있을 것입니다. "이번 성적 결과에 대해 어떻게 생각하니? 네가 열심히 노력했다는 걸 알아. 혹시 공부하는 데 어려움이 있었니? 우리가 함께 방법을 찾아볼 수 있을 것 같아."

이런 과정이 어렵다면 감정을 표현하는 어휘를 다양화

하는 것만으로도 원활한 관계를 위한 말투에 좋은 솔루션이 될 수 있습니다. 예를 들어 "짜증나!"라는 단순한 표현 대신 내 감정을 좀 더 깊이 들여다보고 구체적으로 이야기하는 것입니다. "실망했어요", "좌절감을 느껴요", "당황스러워요" 등등 표현을 구체화하면 나의 감정을 더 정확히 전달하고 상대방에게 이해를 구할 수 있습니다. 이를 위해 하루에 단 몇 분만이라도 내 생각과 감정을 들여다보는 시간을 갖길 바랍니다. 입에서 나도 모르게 튀어나오는 말은 없었는지, 그러지 않으려면 어떻게 해야 할지 고민하면서요.

말투를 관찰하는 습관을 들이기만 해도 개선의 의지를 갖게 됩니다. 관찰은 곧 깨달음이 되며, 깨달음은 실행으로 이어지기 때문입니다. 자신의 생각, 감정, 행동 등을 객관적으로 바라보고 평가하면서 자신의 언어 사용 습관을 성찰할 때, 우리는 보다 효과적이고 품격 있는 의사소통 방식을 발전시킬 수 있습니다.

SUMMARY

서로가 기분 상하지 않게 조언하는 최상의 방법

실천 15 – 조언을 할 때는 애정을 담아 주세요
＊ 누군가를 위해 하는 조언이 듣는 이에게는 듣기 싫은 잔소리일 수 있습니다. 잔소리와 아닌 것의 차이는 진심 어린 애정에 있음을 기억하세요.

실천 16 – 거친 말투라도 진정성을 담아 주세요
＊ 모든 사람이 나긋나긋한 말투를 가질 수는 없습니다. 하지만 거친 말투여도 그 말에 진정성이 담기면 진심은 통하는 법입니다.

실천 17 – 지적할 때일수록 정중하게 말해 주세요
＊ 늘 좋은 말만 할 수는 없습니다. 상대의 발전을 위해 문제 행동을 이야기해 줘야 하는 순간도 있습니다. 그럴 때일수록 감정을 배제하고 정중하게 대하세요.
＊ 어떻게 말하는 게 좋을지 감이 오지 않는다면 말투의 롤모델을 정해 매일 10분씩 따라 해 보세요.

실천 18 – 지적하는 순간에도 상처 주는 말은 금물입니다
＊ '화가 나면 무슨 말인들 못 하냐'는 사람이 돼서는 안 됩니다. 그런 순간일수록 치명적인 상처를 남기기 쉬우니 주의하세요.

실천 19 – 마음을 구체적으로 말하는 연습을 하세요
＊ 외부의 자극에 순간적으로 반응하기보다는 먼저 마음을 들여다보세요. 그리고 마음의 상태를 가능한 한 구체적으로 설명하세요.

그때 그 일 말인데요

사과, 칭찬, 부탁, 거절, 감사도 어른스럽게

어떤 말들은 예절로 이루어집니다. 잘못한 일은 사과하고, 잘한 일은 칭찬하며, 부탁할 때는 겸손하게 거절은 진심을 담아, 고마운 일엔 감사를 표하는 말들처럼 말이죠. 어른이 될수록 쑥스럽거나 민망하다는 이유로 건너뛰기 하고 있진 않나요? 어른스러운 인사법을 만나 봅니다.

신뢰를 높이는 어른의 사과법

"

어른이 되고 오히려 더 실수를 인정하기보다 핑계를 대며 변명하는 일이 잦아지는 것 같습니다. 친구와의 약속에 늦었을 때 "버스가 너무 안 와서 늦었어!"라는 변명 한번 안해 본 사람이 있을까요. 저 자신을 되돌아보면 버스가 늦게 온 것도 사실이긴 하지만 결국 제가 집을 나선 시간 자체가 늦은 경우가 많았습니다. 버스는 죄가 없었습니다. '내 탓'이 분명한데도 엉뚱한 곳에 탓을 돌리는 것, 아마 자기 위주 편향self-serving bias 때문일 것입니다. 잘되면 내 덕, 실패하면 남 탓이라는 심리적 경향성 말입니다. 저만 그럴까요. 우리는 자신의 긍정적인 이미지를 유지하고 싶은 마음에 무의식적으로 이런 편향을 보입니다. 자존심을 지키고, 내 평판이나 가치를 유지할 수 있는 방어 수단으로서 말투를 사용하는 것입니다. '내 탓'보다는 그럴듯한 '남 탓'을 빠르게 찾아내 나의 잘못을 합리화하는 프로그램, 달리 말하면 '내 탓이오'보다 '네 탓이오'가 먼저인 인간의 본성을 저는 이겨 내지 못했습니다. 타인의 잘못된 행동은 그 사람의 개인적 특성 탓으로 돌리면서도, 나의 잘못된 행동은 상황 탓을 한 것입니다. 저는 그렇게 무의식적으로 자신에게 관대하고 타인에게 엄격한 잣대를 적용했습니다.

그런데 사실 이런 태도는 어른의 말투와는 거리가 멉니다. 성숙한 어른이라면 남의 탓으로 돌리고 싶은 본능에 브레이크를 밟는 연습을 해야 합니다. '남 탓'에 대한 '마음의 브레이크'를 잘 밟지 못 하면 결국 나란 사람은 늘 '남 탓'만 하는 투정쟁이에서 한 걸음도 나아갈 수 없습니다. 그런데 왜 나이가 들수록, 지위가 높을수록, 유명할수록 더 자기 잘못을 인정하지 못 하는지 모르겠습니다. 직장 상사나 나이 많은 사람 중에 절대로 자기 잘못을 인정하지 않는 경우를 주변에서 흔히 봅니다. 잘못했을 때는 그냥 "내가 잘못했다. 착각했다."라고 말하면 되는데 그렇게 말하는 사람을 본게 언제인가 기억이 가물가물합니다.

진정한 사과의 3단계

어른이라면 사과할 줄 알아야 합니다. 어른의 말투를 사용하는 사람은 사과도 어른답게 할 줄 압니다. 사과할 줄 아는 사람은 겸손의 미덕을 지닌 사람입니다. 겸손은 자신의 한계를 인지하고, 타인의 장점을 인정하며, 자신의 실수를 시인하는 자세인데 이런 태도에서 나오는 진정한 사과의 말투를 자연스럽게 구사할 줄 아는 사람이야말로 진정한 어른이라고 할 수 있습니다. 그렇다면 어른다운 사과법이란 도대체 무엇일까요. 다음의 3단계를 따르면 됩니다.

1단계는 사과입니다. "미안해." "죄송합니다."라는 말이 먼저 나와야 합니다. 2단계는 그 문제의 원인이 나에게 있었음을 인정하는 것입니다. "내 탓이야."라고 말이죠. 단, 이때 "내가 잘못한 게 있다면 사과할게."라는 식의 사과도, 인정도 아닌 이상한 말은 절대 금물이라는 것을 기억해야 합니다. 사과에는 소위 '토를 달면' 곤란합니다. 그건 사과가 아니라 상대방을 다른 방법으로 공격하는 것입니다. 자신의 느낌과 욕구를 솔직하게 표현하되, 절대 상대방을 비난해선 안 됩니다. 그리고 3단계는 "다시는 이런 실수를 하지 않을 거야."라고 재발 방지를 약속하는 것입니다. 말로는 "내 탓이야."라고 하면서 실수를 계속 반복하는 사람은 신뢰하기 어렵습니다. 그리고 속으로 생각만 하는 게 아니라 말로 내뱉고 나면 자신과의 약속 또는 다짐도 되니 다음에 같은 실수를 하지 않을 확률을 높일 수 있습니다.

여기에 한 단계를 더 추가하면 성숙한 어른이 할 수 있는 최고의 사과가 됩니다. 바로 실수에 대한 구체적인 보상을 약속하는 것이죠. 다음 단계를 기억하세요.

1단계 | "미안해."
2단계 | "내 탓이야."
3단계 | "다시는 실수 안 할게."
4단계 | "이번 일로 힘들었지? 대신 내가 맛있는 밥 살게."

잘못한 일에 대한 사과는 꼭 필요하지만 하기가 쉽지 않습니다. 특히 윗사람이나 친구에게 하는 사과보다 후배나 자녀에게 하는 사과는 훨씬 더 어렵기 마련입니다. '지금 내가 사과하면 위신이 떨어지지 않을까?' '다음부터 후배들이 나를 무시하지 않을까?' 하는 불안감 때문입니다. 하지만 우리는 압니다. 사과를 제대로 할 줄 아는 사람을 두고 우습게 여기는 사람은 없다는 사실을요. 만약 누군가 사과하는 사람을 낮잡아 본다면 그건 그 사람에게 문제가 있습니다. 자신의 진실한 모습을 솔직하게 드러내고 자신의 실수를 인정하고 사과할 줄 아는 건 오히려 타인의 신뢰와 존경을 불러일으킵니다.

직장에서 '쿨' 하게 잘못을 인정하고 사과하는 선배를 떠올려 보세요. 어떤 감정이 드나요? '어휴, 실력도 없는 사람이었네.' 하며 더 무시하게 되나요. 아닐 것입니다. 오히려 '연차도 높은 사람이 후배한테 사과하기 쉽지 않은데, 멋지다!'라며 믿음이 가는 사람으로, 앞으로도 함께 일하고 싶은 사람으로 느껴졌을 것입니다. 그러니 우리 또한 어른다운 사과를 할 수 있어야 합니다.

사과는 내가 상대방을 그만큼 소중하게 여기며, 존중하고 있다는 표현이기도 합니다. 그래서 잘못했을 때 슬쩍 넘어가지 않고 정확히 사과하는 사람을 보면 "어른스럽다!"라는 말이 절로 나옵니다. 나를 존중하는 상대방의 마음을 느끼기 때문입니다. 존중이란 상대방의 존엄성과 가치를 인정하는 태도이니 상대방이 먼저 자기 잘못을 인정하고 사과하면 그 사과의 모습은 아름다울 수밖에 없습니다. 어떤가요? 당신은 사과할 줄 아는 어른인가요?

현명한 어른이 되는 지름길, 칭찬

"

서커스의 조련사들은 쇼를 위해 동물을 훈련시켜야 합니다. 훈련이 별개 아닙니다. 예를 들어 그 동물이 개라고 해 보죠. 개가 조련사가 원하는 행동을 보여 주면 조련사는 개를 쓰다듬고 간식을 주면서 칭찬합니다. 쉽죠? 조련사들은 오랫동안 이 방법을 사용했습니다. 강화 이론Reinforcement Theory 을 들어 본 적 있을 것입니다. 행동 뒤에 따르는 결과가 그 행동의 미래 발생 가능성을 결정한다는 이론입니다. 긍정적인 결과(보상)가 따르면 그 행동이 강화되고, 부정적인 결과(처벌)가 따르면 그 행동이 위축된다는 것이죠. 동물 훈련에서는 이 원리를 잘 활용하고 있습니다.

그런데 이상합니다. 왜 우리는 동물을 훈련할 때 사용하는, 상식 중의 상식과도 같은 방법을 사람을 변화시킬 때는 사용하지 않는 걸까요. 쓰다듬는 대신 채찍을, 간식 대신 분노를, 칭찬 대신 비난을 하는 것에 오히려 익숙해 있는데 이거 문제 아닌가요? 개와 같은 동물에게는 흔쾌히 해 주는 칭찬을 왜 사람에게는 그토록 인색하게 구는 걸까요. 비난이 일상화된 사회의 안타까운 모습입니다. 실제로 우리 사회에는 실수나 부족함에 대해 비난하고 처벌하는 문화가 깊이 뿌리박혀 있습니다. 하지만 이런 접근은 사람들을 위축시키고 성장을 방해할 뿐입니다. 우리는 비난보다 칭찬과 격려의 문화를 만들어야 합니다.

칭찬은 우리 영혼에 비치는 따뜻한 햇살과도 같습니다. 칭찬 없이는 성장할 수도, 결실을 맺을 수도 없습니다. 하지만 우리는 비난이라는 찬바람만 퍼붓기 일쑤입니다. 동물에게는 그렇게 아낌없이 주는 칭찬을 정작 우리 주변 사람들에게는 보내지 않습니다. 칭찬은커녕 '오글거린다'라면서 따뜻한 말 한마디조차 하지 않죠.

긍정 심리학에서는 사람의 강점과 미덕에 초점을 맞추고, 이를 계발하는 것이 행복과 성공의 핵심이라고 봅니다. 우리가 타인의 장점을 발견하고 칭찬할 때, 우리는 그들의 성장을 돕고 더 나은 관계를 형성하게 된다는 것입니다. 그런데 도대체 왜 칭찬을, 격려를 아끼기만 하고 정작 해야 할 때 하지 못 하는 걸까요?

칭찬은 어른의 현명함을 보여 주는 언어입니다. '칭찬은 고래를 춤추게 한다.'라는 말이 있습니다. 저는 여기에 더해서 어른다운 말투로 세상과 소통할 줄 아는 사람은 '칭찬은 고래와 춤추게 한다.'라고 해석할 줄 아는 사람이라고 생각합니다. 사실 칭찬의 본질은 칭찬을 받는 당사자, 즉 고래와 '함께' 나 자신이 춤을 출 수 있어야 하기 때문입니다. 회사에서라면 관계 중심의 리더십에 익숙한 상사가 아마 이렇게 행동하고 말하지 않을까 합니다. 구성원들과의 관계 형성과 유지에 초점을 맞추고 구성원들을 향해 아낌없이 칭찬하고 격려하는 사람 말이죠.

어른으로 인정받는, 그런 말투를 쓰고 싶나요? 멋진 리더로 남고 싶은가요? 그렇다면 칭찬에 익숙해져야 합니다. 언젠가 자기가 맡은 팀의 선수들에게 칭찬을 보냄으로써 결국 성과를 낸 국내 프로축구 감독의 인터뷰를 봤습니다. 그는 자신의 팀원을 향해 다음과 같이 말했습니다.

"프로축구 선수라면 이미 성장은 끝났다고 봐야 합니다. 선수들의 단점을 개선하려고 해서는 안 됩니다. 대신 선수들의 장점에 집중해 더 발전시키도록 격려해야 합니다. 저는 경기에서 선수들이 실수했을 때 거의 지적하지 않습니다. 경기 도중의 잘못은 선수 스스로 먼저 알고 있기 때문입니다."

칭찬할 줄 아는 사람입니다. 사람의 약점보다는 강점에 초점을 맞추고, 이를 더욱 발전시키는 데 주력하는 것이야말로 어른다운 모습입니다. 그랬을 때 우리는 그들의 잠재력을 최대한 끌어낼 수 있습니다. 칭찬하는 게 어색하고 쑥스럽다고, 칭찬을 입 밖으로 꺼내기 힘들다는 사람이 있다면 인간관계에 게으른 건 아닌지 스스로 돌아볼 필요가 있습니다. 칭찬할 만한 순간이 오길 기다린다거나 마음에서 칭찬이 우러나오기만을 바란다면 당신은 게으르거나 혹은 무지無知하거나 둘 중 하나입니다. 그럼 도대체 언제, 어떻게 칭찬해야 하느냐고요? 답은 단순합니다. "그냥 하면 됩니다."

아주 작은, 그 어떤 성과라도 칭찬해 보세요. 여전히 무엇을 어떻게 칭찬해야 할지 감이 오지 않는다면 다음을 참고하세요.

첫째, 구체적인 칭찬을 합니다. "잘했어"와 같은 추상적인 칭찬보다는, "오늘 발표 정말 잘했어. 내용도 알차고, 발표력도 좋았어!"처럼 구체적인 칭찬을 하는 것이 좋습니다. 구체적인 칭찬은 상대방이 자신의 노력을 인정받고 있다고 느끼게 해 주고, 자신감도 갖게 도와줍니다. 구체적이고 명확한 칭찬은 모호하고 일반적인 칭찬보다 훨씬 더 큰 영향력을 발휘합니다. 우리가 타인의 어떤 행동이나 성과를 구체적으로 칭찬할 때, 그들은 자신이 무엇을 잘했는지 명확히 알 수 있고, 그것을 더욱 발전시킬 수 있습니다.

둘째, 진심 어린 칭찬을 합니다. 칭찬이 진심에서 우러나오지 않으면, 상대방은 칭찬의 진정성을 느끼지 못합니다. 따라서 상대방의 노력을 진심으로 인정하고, 또 칭찬하는 게 중요합니다. 진정성이 담긴 칭찬은 구성원을 움직일 수 있습니다.

셋째, 적절한 시간과 장소에서 칭찬합니다. 상대방이 노력한 후에 바로 칭찬하는 것이 좋습니다. 노력한 후 즉시 칭찬을 받으면, 상대방은 자신의 노력이 인정받고 있다는 것을 느끼고, 칭찬의 효과가 더 커지기 때문이죠. 우리가 타인의 노력을 적시에 칭찬할 때, 그들의 동기부여를 극대화할 수 있습니다.

세상 그 누구를 만나더라도 일단 칭찬할 마음의 준비를 늘 해 두어야 합니다. 마음의 준비가 돼 있는데 혹시 상대방에게 칭찬할 만한 장점이 없다면 어떻게 해야 할까요. 그에 대한 해답은 이렇게 말씀드리고 싶습니다. "만일 상대방이 칭찬할 만한 장점이 없다면 장점을 갖고 있는 것으로 생각하고 칭찬하세요!"

피그말리온 효과Pygmalion Effect라고 들어 보셨을 것입니다. 타인에 대한 우리의 기대와 믿음이 그들의 실제 행동과 성과에 영향을 미친다는 이론입니다. 우리가 타인을 믿고 그들의 잠재력을 볼 때, 그들은 실제로 그렇게 성장합니다.

인간관계를 성장시키는
긍정 대 부정의 황금비율 5대 1

칭찬할 때 주의해야 할 점도 있긴 합니다. 한 무리에서 칭찬하는 상황이라면 듣고 있는 모든 사람이 웃을 수 있는 칭찬이어야 합니다. 칭찬은 대부분 1대 1 만남보다는 다른 사람도 있는 1대 다多의 공간에서 이루어지는 경우가 많은데 이때 조심해야 합니다. 상대방은 물론 주변 사람도 기분 좋게 웃을 수 있는 칭찬이어야 하기 때문입니다. 사회적 지능 Social Intelligence을 갖춘 사람이라면 다양한 사회적 상황에서 적절하게 행동하고 의사소통할 수 있으며, 이는 타인을 칭찬할 때도 마찬가지입니다. 그 칭찬이 상대방뿐만 아니라 주변 사람들에게도 긍정적으로 받아들여질 수 있도록 배려해야 합니다.

"비난하거나 불평하는 것은 어떤 바보라도 할 수 있고, 대다수의 바보가 그렇게 한다Any fool can criticize, condemn and complain and most fools do." 벤저민 프랭클린Benjamin Franklin의 말입니다. 어른다운 말투를 사용할 줄 아는 사람은 상대방의 어깨가 으쓱할 정도의 칭찬에 집중하는 한편으로 누군가를 비난하거나 비판하는 행위는 극히 삼갑니다.

긍정 대 부정 비율Positivity to Negativity Ratio이라는 개념이 있습니다. 말 그대로 긍정적·부정적 상호작용의 비율을 가리키는데 연구에 따르면 이 비율이 긍정 5대 부정 1일 때 가장 이상적인 관계가 형성된다고 합니다. 그러니까 결국 비판이나 불평보다 칭찬과 격려를 훨씬 더 많이 해야 한다는 것입니다. 만약 누군가를 비판했다면 거기에 다섯 배로 칭찬해주세요.

칭찬은 타인의 가치를 인정하고, 그들의 성장을 돕고자 하는 마음가짐입니다. 칭찬을 통해 우리는 더 나은 관계를 만들고, 더 행복한 공동체를 형성합니다. 하지만 이는 결코 쉬운 일이 아닙니다. 우리 안에는 비판과 불평의 습관이 깊이 자리하고 있기 때문입니다. 이를 극복하기 위해서는 끊임없는 자기 성찰과 노력이 필요합니다. 칭찬이 쉬운 듯 보여도 어려운 이유입니다.

그렇다 하더라도 우리 모두 칭찬의 힘을 믿는 어른이 됐으면 합니다. 타인의 장점을 발견하고, 그들의 노력을 인정하며, 진심 어린 칭찬을 아끼지 않는 사람, 그런 사람의 곁에서 사람들은 꽃처럼 피어날 수 있습니다.

오늘도 주변을 둘러보고 칭찬할 게 없는지 찾아보길 바랍니다. 당신의 칭찬은 누군가에게 희망이 됩니다. 그리고 변화의 시작이 돼 세상을 더 아름답게 만들 것입니다.

나를 낮추며 부탁하고,
상대를 높이며 거절하라

"

    언젠가 직장 동료가 찾아와 이렇게 부탁했습니다. "시
간 괜찮으시면 이 일 좀 도와줄 수 있으세요? 지금 바쁘시면
다시 찾아올게요. 너무 갑작스레 찾아와서 죄송합니다." 그
때 저는 '부탁'도 '배려'가 될 수가 있음을 깨달았습니다. 배
려는 상대방의 상황을 고려하고 존중하는 자세입니다. 그때
동료는 제 시간과 상황을 걱정하며 자신의 필요를 말했습니
다. 이런 부탁이라면, 지금 당장 바쁜 일이 있더라도 그 부탁
부터 들어주고 싶습니다. 부탁의 단골 멘트 중 하나는 "이거
좀 해 주세요!"일 것입니다. 부탁인지 강요인지 모를 말이죠.
하지만 부탁다운 부탁, 즉 성숙한 어른이 하는 부탁은 달라

야 하지 않을까요?

타인의 여러 상황을 이해하고 그에 따라 행동하는 걸 정서 지능Emotional Intelligence이라고 합니다. 부탁 잘하는 사람들을 보면 높은 수준의 정서 지능을 확인할 수 있습니다. 미국의 유명한 동기부여 전문가 데일 카네기Dale Carnagey는 "부탁할 때는 부탁을 받는 사람의 입장에서 해야 한다!"라고 말했습니다. 누군가에게 부탁한다는 건 내가 아쉬운 소리를 하는 것이니 내 입장이 아니라 상대방 입장에서 생각하고 말하는 건 어쩌면 당연한 일입니다.

한 회사의 팀장 이야기입니다. 그는 팀원들에게 업무를 부탁할 때 이렇게 말하곤 한답니다. "이 일을 맡아 줄 수 있을까요? 혹시 지금 다른 업무로 바쁘다면 함께 일정을 조율하면 좋겠어요." 팀원의 현재 상황을 고려하면서도 업무의 필요성을 전달하는 균형 잡힌 부탁법이라고 느껴집니다.

한 대학생의 이야기도 있습니다. 그는 교수님께 취업을 위한 추천서를 부탁드리면서 다음과 같이 말했다고 합니다. "교수님, 취업 관련해서 도움을 부탁드리고 싶습니다. 10분 정도 시간 되시는지요. 취업을 위해 교수님의 도움이 필요한데 추천서를 써 주실 수 있으신지 여쭤보고 싶습니다." 대뜸 전화 혹은 이메일로 "추천서 써 주세요."라고 하는 것보다 훨씬 어른스럽습니다.

이러한 사례들은 부탁이란 단순히 자신의 필요를 전달하는 것이 아니라, 상대방의 상황과 감정을 고려하는 복잡한 의사소통 과정임을 보여 줍니다. 이렇듯 정서 지능을 활용한 부탁은 상대방과의 관계를 강화하고, 원하는 결과를 얻을 가능성을 높입니다. 어른이라면 부탁의 기술을 배워 두고 또 적절하게 사용할 줄 알아야 합니다.

거절은 노no가 아닌 예스yes

부탁을 하는 경우도 있지만 받는 경우도 있습니다. 공손한 부탁이라면 당장에라도 들어주고 싶은 게 인지상정이나 모든 부탁을 다 들어줄 수는 없는 노릇이니 거절법도 어른의 말투에서 중요한 위치를 차지합니다. 거절이라고 해서 단순히 "아니요."라고 해서는 안 됩니다. 상대방의 요청을 존중하면서 자신의 상황을 솔직하게 표현하는 게 진정한 거절의 기술입니다. "죄송합니다. 지금은 제가 다른 일로 바빠서 도와드리기 어려울 것 같습니다. 하지만 다음에 기회가 된다면 꼭 도와드리고 싶습니다." 이 정도만 돼도 상대방의 부탁을 무시하지 않으면서 자신의 상황을 명확히 전달하는 거절로서 적절합니다. 거절은 자신의 상황을 설명하면서도 미래의 가능성을 열어 두는 방식으로 이뤄져야 합니다.

제가 겪었던 일을 말해 보고자 합니다. 몇 년 전의 일입니다. 한 동료가 제게 부탁을 했습니다. "이번 주말에 제 발표 자료 좀 봐 주실 수 있나요? 리뷰를 부탁하고 싶어서요." 저는 잠시 고민했습니다. 주말에 여행 계획이 있었기 때문입니다. 그래서 이렇게 대답했습니다. "죄송합니다. 이번 주말에는 여행이 있어서 어려울 것 같아요. 하지만 혹시 당장 다음 주 월요일이 발표가 아니라면 다음 주 초에 시간을 내서 꼭 봐 드리겠습니다." 다행히 동료의 발표일이 다음 주 후반부였기에 저의 거절은 대안을 제시함으로써 상대방의 요청을 존중하는 형태가 됐습니다.

'거절도 하나의 배려다.'라는 말이 있습니다. 자신의 상황을 솔직하게 전달하면서도 상대방의 요청을 인정하는 것, 그것이 진정한 거절의 기술입니다. 상대방을 이해하고 또 공감할 줄 아는 거절이 성숙한 거절입니다. 할 수 없는 걸 할 수 있다고 해서 상대방이 오해하게 하는 건 더 큰 문제가 될 수 있습니다. 어른다운 거절이란 자신의 상황을 유지하면서도 다른 사람의 필요를 인정하고 존중할 때 완성됩니다.

여전히 거절의 구체적 사례가 애매하다면 제가 뉴스에

서 본 내용을 참고하면 어떨까요. '거절에도 단계가 있다'라는 기사였는데 거절에 어려워하는 우리에게 좋은 지침이 될 것 같아 이 자리를 빌려 소개합니다.

거절에는 세 가지 키워드가 있다고 합니다. 바로 '겸손', '대안', '보류'입니다. '겸손'은 거절할 때 "제가 도와드리고 싶지만 전문 분야가 아니라서 실수할까 걱정돼 어려울 것 같아요."라며 자신을 부족함을 탓하는 것이랍니다. '대안'은 "주말에는 힘들고 주초에는 바로 가능한데 괜찮으시겠어요?"라고 다른 방향을 제안하는 것입니다. 마지막으로 '보류'는 "제가 시간이 가능한지 먼저 확인하겠습니다. 시간을 좀 주시겠습니까?"라고 하는 거절이랍니다. 그냥 "저는 못 하겠는데요."라고 말하는 것보다는 거절의 이유를 명확히 하되 정중하게 표현할 수 있는 지혜가 필요합니다.

웃음이 매력적인 배우로 앞에서 언급한 바 있는 톰 행크스는 거절과 관련해서도 한마디 한 바 있습니다. "'노'라고 말하는 건 자신의 우선순위를 존중한 것이다." 거절은 상대방의 부탁을 들어주지 않는 게 아니라는 그의 생각이 이 한마디에 담겼습니다. 또한 애플에서 일하면서 수많은 아이디어와 제안을 거절한 것으로 알려진 스티브 잡스는 훗날 당시를 회상하며 이렇게 말했습니다. "우리가 한 일 중 가장 자랑스러운 것은 하지 않기로 결정한 것이다!" 거절은 부정적인 게 아니라 자신의 가치와 상황을 지키면서 상대를 배려하는 어른의 중요한 의사소통 기술 중 하나임을 알 수 있습니다.

지금까지 부탁과 거절에 대해 알아봤습니다. 우리 모두가 자신을 낮추며 부탁하고, 상대를 높이며 거절할 수 있다면 부탁과 거절도 그리 어려운 일이 아닐 것입니다. 의사소통이라는 게 항상 상대의 상황과 입장을 고려해야 하지만 부탁과 거절의 순간에서는 특히 배려와 존중이 더 필요하다는 사실을 기억하면 좋겠습니다.

> 감사하지 않아도
> 감사합니다
> "

성차별적 발언으로 보일 수도 있겠지만 같은 남성의 입장에서 봤을 때 왠지 남성이 품격 있게 말하기가 더 어려운 것 같습니다. 그래서 오히려 품격 있는 말투를 지닌 남성은 그 장점이 돋보이기도 합니다. 품격 있는 말투 하나만으로도 사람들로부터 존경받고 또 가깝게 지내고 싶은 사람이 될 수 있습니다. 저는 어른의 말투에 어울리는, 품격을 갖춘 말투를 지닌 남성으로서 영화감독 봉준호 씨를 꼽습니다. 예술성과 오락성 그리고 대중성과 독창성을 모두 인정받는 영화를 만드는 것으로 유명한 그의 영화 제작 실력만큼이나 그의 말투 역시 대단하다고 느낍니다.

언어 지위 이론Linguistic Status Theory의 관점에서 보면 봉준호 씨가 사용하는 언어는 그의 사회적 지위와 영향력을 반영하는 동시에 그의 수준과 태도를 더욱 공고히 하는 역할을합니다. 대표적인 사례가 몇 년 전 아카데미 시상식 때 수상소감을 발표하는 봉준호 씨의 말투입니다. 세상은 봉준호 씨의 언어에 환호했습니다. 당시 그해 아카데미상을 받은 사람들의 수상 소감 중에서도 최고로 꼽혔습니다. 너무나 유명한장면으로 이미 몇 번씩 봤을 수 있지만 볼 때마다 따뜻해지는 그의 품격 있는 말투를 잠시 다시 되돌아보겠습니다.

"어릴 때 영화 공부를 할 때부터 늘 가슴에 새긴 말이 있습니다. '가장 개인적인 것이 가장 창의적인 것!'이라는 말입니다. 이 말은 바로 제 앞에 앉아 계신 마틴 스코세이지Martin Scorsese 감독님이 하신 말씀이었습니다."

언어적 관계 구축의 훌륭한 사례입니다. 언어적 관계구축이란 언어 사용을 통해 다른 사람들과 사회적 관계를형성하고 유지하는 과정을 말하는데 봉준호 씨는 자신의 멘토인 스코세이지 감독을 언급함으로써 자신과 그 사이의 특별한 관계를 부각하는 동시에 청중과의 유대감도 형성했습니다. 카메라가 좌석에 앉아 있던 마틴 스코세이지 감독을 비췄는데 봉준호 씨의 말에 스코세이지 감독은 놀라움과 기쁨의 환한 미소를 지었고, 객석에 있던 모든 청중이 일어나 스코세이지 감독을 향해 "브라보!"를 외치며 박수를 보냈으며, 스코세이지 감독은 무대에 있는 봉준호 씨를 향해 엄지를 세웠습니다.

수상 소감의 내용만큼이나 멋졌던 건 듣기에 너무나 편안했던 그의 목소리였습니다. 잔잔하면서도 지적인 분위기가 물씬 풍기는 봉준호 씨의 품격 있는 말투는 '남자도 저런 말투를 할 수 있구나!'라는 감탄이 나오게 했습니다. 말의 내용은 멋지고, 말의 톤은 부드럽고, 그러면서도 모든 사람을 환호하게 만드는 그의 말투, 바로 이런 것이 어른의 말투 아닐까요.

언어도 TPO에 맞게

수상 소감을 그의 일상적인 말투라고 섣불리 단정하기는 어렵습니다. 하지만 최소한 티피오TPO는 완벽하게 들어맞았습니다. 티피오란 시간time의 T, 장소place의 P, 상황occasion의 O, 즉 각 단어의 영문 앞글자를 딴 것으로 옷을 입을 때는 시간과 장소와 상황을 고려해야 한다는 기본 원칙을 강조하고자 만들어진 말입니다. 옷에만 티피오가 필요할까요? 말할 때도 마찬가지입니다. 봉준호 씨가 수상 소감에서 보여 준 말투는 그 특정한 사회적 상황에 완벽하게 부합하는, 세련되고 품격 있는 언어 사용의 예라고 할 수 있습니다.

그의 말에는 따뜻함이 가득했습니다. 누구 하나 상처받지 않으면서도 같은 공간에 있는 모든 사람들을 기분 좋게 만들었습니다. 그 배려가 얼마나 세심했는지 수상 소감만 보고 저는 '저 사람은 누군가에게 피해 끼치는 걸 극도로 싫어하는 스타일이 아닐까?' 하는 생각을 잠시 해 보기도 했습니다. 상대방에 대한 공감을 놓치지 않는, 상대방의 감정을 이해하고 존중하는 소통 방식에 능숙한 봉준호 씨의 예를 통해 우리는 어려운 단어를 사용하고, 목에 잔뜩 힘을 주는 게 품격이 아니라는 걸 알 수 있습니다.

자기와 다른 마음의 결을 가진 타인들을 존중하고 배려하는 마음이 말에 담겨 있어야 어른의 품격은 비로소 완성됩니다. 품격 있는 언어 사용은 단순히 화려한 어휘나 기교의 문제가 아니라, 화자의 인격과 세계관이 반영된 결과라고 볼 수 있습니다. 말투, 이거 하나만 잘 관리했을 뿐인데 봉준호 씨의 인상까지 훤해 보인 이유일 것입니다.

게다가 자신이 상을 받는 자리에서 자기를 뽐내기보다 자신이 존경하는 감독과 영광을 나누는 모습은 특히 인상적이었습니다. 얼마 전 기사를 통해 접한 이야기입니다. 친구 둘이 음식점에 들어갔습니다. 주문한 음식이 나오자 한 친구가 직원에게 "감사합니다."라고 인사했습니다. 가만히 있던 다른 친구는 직원이 자리로 돌아간 뒤에 "어차피 우리 돈 내고 먹는 건데 뭐가 감사해."라고 말했다고 합니다. 감사는 인사입니다. 상대방이 정말 안녕한지 궁금해서 "안녕하세요."라고 인사하는 사람이 있을까요? 감사 역시 마찬가지라고 생각합니다. 그리고 다른 곳도 아닌 식당에서 음식을 가져다 준 직원에게 감사하지 않아도 된다고 생각하는 건 어디서 나온 발상일까요? 돈이 아무리 있다고 한들 식당에서 일하는 직원이 없으면 우리는 편하게 앉아서 밥을 먹을 수 없습니다.

말투의 좋은 사례로 가수 아이유 씨도 있습니다. 아이유 씨는 노래와 연기만 잘하는 게 아니라 사회적 기여로도 유명합니다. 2024년에도 한 어린이재단에 1억 원을 기부했는데, 이 기부는 한 번이 아니라 2015년부터 현재까지 꾸준히 해 온 것이었습니다. 이런 아이유 씨에게 기부에 관해 물었더니 이렇게 답했다고 합니다. "제가 받은 사랑을 나누는 것뿐입니다. 나누면서 오히려 제가 더 많은 것을 배우고 있어요." 자신의 것을 주고는 오히려 자기가 그 이상을 배운다니…… 세상 모든 사람에게 감동을 주는 진정한 어른의 말투입니다.

진정성이 느껴지면서도 상대방의 상황과 감정을 이해할 줄 알고 불필요한 말을 줄이면서 간결하게 자신의 생각을 명확하게 말하는 모습, 아름답고 또 품격 있습니다. 좋은 행위가 좋은 말투로 이어지고 다시 그 좋은 말투로 인해 좋은 이미지를 남기는 것, 어른의 말투는 이렇듯 행동과 자기 이미지 사이에서 일종의 연결고리 역할을 합니다. 봉준호 씨나 아이유 씨, 이들의 말은 현학적이거나 화려한 것이 아니었습니다. 오히려 단순하고 또 간결했습니다. 상대방을 생각하는 마음만 가득했습니다.

언어는 우리의 생각을 담는 그릇입니다. 그 그릇의 크기와 모양은 정해진 게 아닙니다. 깊고 넓고 아름다운 그릇으로 우리가 바꿀 수 있습니다. 세상이 우리를 어른으로 볼지 아니면 늙은이로 볼지는 우리가 어떻게 하는지에 달려 있습니다. 진정한 어른의 말투는 내면에서 시작됩니다. 주변에 감사하는 마음을 갖고 있어야 감사도 자연스럽게 나올 것입니다. 하지만 내면을 바꾸는 건 쉽지 않습니다. 그렇다면 외면을 먼저 바꿔 보세요. "감사합니다."라는 말을 인사처럼 입에 붙이는 것입니다. 버스를 타고 내릴 때, 전화를 받거나 끊을 때 등등 감사가 어울리지 않는 순간은 거의 없습니다. 그렇게 말하다 보면 감사의 말투로 변한 나, 그리고 그런 나를 긍정적으로 봐 주는 사람들을 만나게 될 것입니다. 그리고 그렇게 감사는 자연스레 내면에 체화할 것입니다.

SUMMARY

쑥스러움을 극복하고 어른으로 말하기

실천 20 – 잘못을 인정하고 사과하면 존경이 따라옵니다

＊ 자신의 잘못을 인정하고 사과하는 데는 용기가 필요합니다. 그렇기에 어른의
사과는 굴욕이 아닌 존경받을 만한 행동입니다.

＊ 진정한 사과는 사과-인정-약속의 3단계를 거쳐야 합니다.

실천 21 – 리더십은 칭찬에서 나옵니다

＊ 상대방을 원하는 방향으로 이끌고 싶을 때 칭찬만큼 좋은 방법이 없습니다.

＊ 칭찬은 구체적으로, 진심을 담아, 적절한 시간과 장소에서 합니다.

＊ 긍정:부정=5:1 비율이 되도록 해야 합니다. 부정적인 말을 했다면 그에 다섯
배로 칭찬하세요.

실천 22 – 부탁할 땐 나를 낮추고, 거절할 땐 상대를 높이세요

＊ 부탁하기 전에 상대방의 현재 상황이 어떤지 먼저 고려하세요.

＊ 기분 나쁘지 않게 거절하는 방법에는 세 가지가 있습니다. '겸손', '대안', '보
류'를 기억하세요.

실천 23 – 먼저 감사를 표하면 반드시 돌아옵니다

＊ 주변에 늘 감사하는 마음을 갖고 표현하는 일은 중요합니다. 하지만 진심으
로 하는 감사가 아니더라도 인사처럼 감사를 표현해 주세요. 세상은 좀 더 훈
훈해지고, 내 마음에도 감사가 생깁니다.

그럴 수 있지

이해와 공감의 언어를 향해

공감을 어려워하는 사람들이 많습니다. "너 T야?"(MBTI 세 번째 항목이
T면 사고형, F면 감정형인 데서 나온 말) 하는 밈이 등장한 것도 그 때문일
것입니다. 어느 한쪽의 손을 들어 줄 수는 없지만 최소한의 공감법을 익
힌다면 사회생활과 인간관계는 지금보다 훨씬 윤택해지지 않을까요?

은근하게 가까워지는 말투

MBC FM4U 〈오늘 아침 정지영입니다〉의 진행자 정지영 씨의 말투에 관해 이야기해 보려 합니다. 그는 20년 넘게 최정상급 아나운서로 활약해 왔습니다. 2022년에는 MBC 방송 연예 대상 라디오 부문 최우수상도 수상했습니다. 정지영 씨의 말투에선 프로페셔널리즘이 느껴집니다. 플라톤이 말한 테크네techne는 단순한 기술이 아닌 지식과 윤리가 결합한 예술적 기예技藝의 개념과 연결됩니다. 한 분야에서 오랜 시간 훈련하고 경험을 쌓은 사람으로서의 전문성이 느껴지는 정지영 씨의 말투도 테크네로 설명할 수 있지 않을까 싶습니다. 오랜 시간 다듬어진 언어 사용의 예술과도 같은 그의 말투는 진행자의 생각을 강요하지 않으면서도, 편안하고 진정성 있게 청취자에게 다가갑니다.

다른 사람을 편안하게 해 주는 말투에는 여러 가지가 있습니다. 친절하고 정중한 말투, 자연스러운 말투, 공감하는 말투, 그리고 조용한 말투 등이 그 예입니다. 하지만 무엇보다 중요한 건 상대방에 맞춰 말투를 조절하는 것입니다. 정지영 씨의 말투가 그런 게 아닌가 싶습니다. 청취자에게 힘을 주고 위로가 되며, 마음의 위안을 주는 그의 말투는 오랜 기간 라디오 DJ로 사랑받는 이유를 증명합니다. '편안함'을 넘어 '은근한 자상함'이 느껴지는, 무엇인가를 가르쳐 주는 상황에서도 차분하게 그리고 절대 우월감을 내비치지 않는, 그의 말투는 어른스럽습니다.

정신이 번쩍 들 정도로 역동적이거나 재미있는 건 아닙니다. 하지만 여유롭고 적당히 나른해 품격 있는 소탈함으로 다가옵니다. 아침에 정지영 씨의 방송을 들으면 하루를 시작하는 긴장이 풀리는 느낌이 든다는 분들도 많습니다. 전문성을 베이스로 품격을 갖춘 말투는 어른의 말투의 모범이라 해도 과언이 아닙니다. 역시 말하는 일을 직업으로 해 오신 분이라 다르긴 다릅니다.

비슷한 이유에서 제가 좋아하는 분이 MBN 뉴스 앵커

김주하 씨입니다. MBC 뉴스데스크의 메인 아나운서였던 그는 현재까지도 진중하고 신뢰감 있는 말투를 사용합니다. 감정의 기복이 크지 않고, 그렇다고 해서 딱딱하지도 않습니다. 시청자에게 편안함과 동시에 전문성을 느끼게 합니다. 전문적이지만 그렇다고 상대방을 함부로 대하는 것 같지 않은 말투, 오랜 시간 동안 시청자들에게 사랑받는 이유일 것입니다.

소탈하지만 품격을 놓치지 않기

고대 그리스 철학자 아리스토텔레스는 중용中庸의 개념을 중시했습니다. 소탈함과 품격 사이의 균형을 찾는 건 기술로 되지 않습니다. 필연적으로 삶의 지혜가 있어야 합니다. 동양에서는 공자가 한 말 중에 "군자는 화이부동和而不同"이라는 말이 있습니다. 이는 다른 이들과 조화롭게 지내되 자신의 원칙을 잃지 않는다는 뜻으로, 어른의 말투가 지향해야 할 바를 잘 보여 줍니다. 정지영 씨나 김주하 씨의 말투에는 이 두 가지 개념이 고스란히 담겨 있습니다.

상당 기간 자신의 영역에서 인정받는 이유는 말투의 기술이 좋아서라기보다는 상대방을 배려하고 존중하며 진정으로 소통하려는 자세 덕분일 것입니다. 오랜 시간 훈련하고 다듬은 전문성, 청취자나 시청자를 배려하고 공감하는 마음, 겸손한 태도 등이 포함된 것이죠. 이분들은 모두 말투를 바꾸는 것 이상으로 마음가짐과 태도, 가치관의 변화를 위해 노력했으리라 생각합니다.

말투는 정보를 전달하는 도구 이상의 역할을 합니다. 말을 한다는 것은 무언가를 진술하는 동시에 행위를 수행하는 것입니다. 예컨대 "내일 만나자."라는 말은 단지 진술이 아니라 약속이라는 행위를 수행하겠다는 다짐입니다. 여기에서 더 들어가면 말이 어려운 이유를 알 수 있습니다. 예를 들어 "여기 좀 춥지 않나요?"라는 말은 그냥 질문이 아니라 "창문을 닫아 주세요."라는 요청일 수도 있습니다. 그래서 중요한 것이 대화란 상대방에 대한 이해, 그것도 마음 편하게 받아들일 수 있는 이해를 전제로 해야 한다는 것입니다.

정지영 씨나 김주하 씨의 말이 소탈하되 품격 있다는 건 말투만 그런 게 아니라 타인을 배려한다는 의미이기도 합니다. 즉, 어른의 말투는 언어를 적절히 활용해 직접적인 의미를 전달함과 동시에 상대방에 대한 존중을 표현하는 것이라고 볼 수 있습니다. 대화는 오직 말하는 사람에게 속한 행위가 아닙니다. 듣는 사람도 협력해야 하는 상호작용과도 같습니다. 그렇기에 대화의 주제에 집중하되, 필요한 만큼만 정보를 제공하고 또 정확하게 말할 줄 아는 지혜가 필요합니다. 어른의 말투는 정보 전달은 물론 전달을 받는 상대방의 마음을 고려할 때 완성됩니다.

전 남아프리카공화국의 대통령 넬슨 만델라Nelson Mandela 는 인권 운동을 하다 잡혀 가 긴 투옥 생활 끝에 출소해 대통령이 됐습니다. 그때 그는 자신을 괴롭혔던 과거의 적들을 두고 이렇게 말했다고 합니다. "용서가 복수보다 더 강력합니다." 만델라에게 있어 진정한 강함은 복수나 분노가 아닌, 용서와 화해의 능력에서 비롯됐습니다. 과거에 얽매이지 않는 용서야말로 새로운 시작을 가능케 하는 정치적 행위라는 걸 만델라는 알았고 이를 자신의 언어로 세상에 내보였습니다. 만델라의 말은 개인적 태도를 넘어, 사회를 변화시키는 강력한 정치적 행위였습니다. 짧은 문장이지만, 오랜 고통과 투쟁을 겪은 후의 깊은 통찰력과 품격을 보여 줍니다.

한국의 한 소설가가 인터뷰에서 한 말 역시 어른의 말투가 무엇인지를 잘 설명합니다. "나이 들수록 말을 아끼게 됩니다. 그렇다고 침묵하는 건 아니에요. 꼭 필요한 말만 하려고 노력합니다." 이처럼 어른의 말투는 멋진 단어를 사용하고 문법적으로 올바른 문장을 만드는 것에 그치는 게 아닙니다. 상황에 맞게 적절한 언어를 사용할 수 있는 능력이 갖춰져야 합니다. 공식적인 자리에서는 정중하고 격식 있게, 친근한 자리에서는 편안하고 소탈하게 말할 수 있는 능력 말입니다.

거듭 강조하지만 이런 어른의 말투는 지속적인 자기 성찰과 노력을 통해 발전시켜 나가야 합니다. 언어에 대한 깊은 이해, 타인과의 관계에 대한 통찰, 그리고 자기의 내면에 대한 성찰을 바탕으로 발전시켜야 할 고단한 과정입니다. 상황을 정확히 파악하고, 상대방을 진심으로 이해하며, 자기의 생각을 명확하고 책임감 있게 전달할 수 있는 능력을 키우기 위해 노력해야 합니다.

아리스토텔레스는 수사학修辭學에 세 가지 요소가 필요함을 역설했습니다. 이 세 요소는 로고스logos(논리), 파토스pathos(감정), 그리고 에토스ethos(신뢰)입니다. 어른의 말투는 논리(로고스)만으로는 부족합니다. 상대방의 감정을 이해하고(파토스) 자신의 신뢰성을 확립하는(에토스) 총체적인 과정이어야 합니다. 단순한 말의 기술이 아닌, 전인적인 인격의 표현으로서의 말투여야 합니다. 복잡한가요? 그렇다고 포기하거나 서두르지 않았으면 합니다. 천천히 자신의 말투를 되돌아보면서 '소탈하되 품격 있는' 말투를 갖추기 위해 노력하는 한편 '은근하게 자상한' 말투를 세상에 내보내는 연습을 아끼지 않는다면, 우리는 어느새 바람직한 어른의 말투에 성큼 다가서 있게 되리라 확신합니다.

상대방이 소중히 여기는 것
인정하기

"

어른의 말투는 서로의 차이점을 비난하는 것이 아니라 유사점을 찾아내고 인정해야 합니다. 우리는 모두 다르게 생각합니다. 하지만 그게 바로 우리를 아름답게 만듭니다. 르네상스 시대의 인문주의자 몽테뉴Montaigne는 "차이는 우리를 풍요롭게 한다."라고 말했습니다. 그에 따르면 다양성은 장애물이 아니라 우리의 지식과 이해를 넓히는 기회입니다. 서로 다른 배경에서 살아왔지만, 그럼에도 나와 다른 것의 다양성을 인정하고 존중하는 사람의 말투는 품격이 있습니다.

앞에서 봉준호 씨의 수상 소감을 살펴본 바 있지만, 배우들의 수상 소감이 저는 늘 흥미롭습니다. 유명한 수상 소감이 많지만 저는 영화배우 나문희 씨의 수상 소감이 특히 기억에 남습니다. 2017년 제38회 청룡영화상에서 영화 〈아이 캔 스피크〉로 그가 여우주연상을 받게 됐을 때의 소감입니다. "지금 96세인 우리 친정어머니의 하나님께 감사드립니다. 그리고 나문희의 부처님께도 감사드립니다." 따뜻한 포용성, 즉 다양성을 인정하고 받아들이는 자세의 표본과도 같은 말투입니다. 나문희 씨는 자신의 종교뿐만 아니라 어머니의 종교까지 존중하고 감사를 표했습니다. 종교의 경계를 넘어 모두를 아우르려는 열린 자세, 그 자체입니다.

재치 있는 말 정도로만 생각하는 사람들도 있겠습니다. 하지만 저는 그의 어른다운 언어 감각에 감탄하지 않을 수 없었습니다. 수상 소감의 단골 멘트 중 하나는 자신이 믿는 종교에 대한 인사입니다. 나문희 씨는 그 종교적 멘트를 어떻게 처리해야 하는지 보여 줬습니다. '나문희의 부처님'을 말하면서도 '어머니의 하나님'까지 언급하는 걸 잊지 않았던 것입니다. 다양한 문화적 맥락을 이해하고 그에 따라 행동할 수 있는 높은 수준의 문화 지능cultural intelligence을 보여 준 사례입니다. 도대체 누가 가르쳐 준 것일까요. 이런 말투를 가르쳐 주는 곳이 있다면 거액을 주고서라도 배우고 싶습니다.

민감한 문제일 수도 있지만—종교에 관한 것이기 때문

에— 제가 겪었던 일을 말해 보고자 합니다. 편견 없이 읽어 주길 바랍니다. 몇 년 전의 일입니다. 한 백화점의 문화센터에서 강연이 끝난 후 질의응답을 받았습니다. 한 분이 마이크를 잡더니 제게 질문했습니다. "요즘 명상을 배우고 있다고 하셨는데 저도 관심이 있습니다. 배우니 어떠신가요?" 잠시 생각한 뒤 저는 이렇게 대답했습니다. "최근 작은 일에도 화를 내는 저를 보면서 고치고 싶다는 생각이 들었습니다. 회사에서 진행된 명상 클래스를 수강하게 됐고 마음이 편안해지는 느낌을 받으며 본격적으로 공부를 시작하게 됐……" 이때였습니다. 갑자기 누군가가 큰 소리로 말하며 끼어들었습니다. "마음이 불안하면 종교를 가져야지 명상은 무슨……!"

당황했습니다. 다른 사람의 의견을 존중하는 건 어른다운 지혜의 첫걸음 아닌가요. 물론 우리는 나와 다른 것에 동의하기가 쉽지는 않습니다. 하지만 최소한 모든 사람을 존중할 수는 있지 않겠습니까. '평화는 차이를 없애는 것이 아니라 차이를 이해하는 것에서 시작된다.'라는 말이 있습니다. '나와 너'의 차이를 없애려는 순간 관계는 평화가 아닌 전쟁이 됩니다. 더 이상의 대화는 불가능해집니다. 나와 다른 상대방을 이해한다는 건 단지 상대방을 좋아하고 사랑하는 것만이 아니라 그렇게 이해할 줄 아는 나 자신이 더 현명해 졌다는 것을 의미합니다. 우리는 늘 의견 불일치와 마주합니다. 일상에서 흔히 발생할 수 있는 상황이니까요. 하지만 중요한 것은 '불일치를 어떻게 다룰 것인가?'입니다. 차이를 없애려 하지 않고, 오히려 그 차이 속에서 대화의 가능성을 찾는 것이 진정한 어른의 태도입니다.

솔직히 당시에 저는 많이 당황했습니다. 여러분은 어떻게 대응하셨겠습니까. 다음 보기에서 골라 보세요.

① …… (말없이 매섭게 노려본다.)

② 왜 끼어들어요? 말 함부로 하실 거면 나가 주실래요?

③ 잘 모르시는 것 같은데 명상은 서양 심리학에서도 인정하는…….

④ 주신 말씀, 고맙게 들었습니다. 참고로 저는 제 경험을 말씀드렸을 뿐입니다.

당황한 마음을 누르고 잠시 생각한 후에 저는 ④를 택했습니다. "그냥 저는 제 경험만 말씀드렸을 뿐입니다."라고 말입니다. 친밀하지 않은 관계에—청중과 강사라는 거리를 고려할 때— 적당한 대응이었던 것 같습니다. 상대방의 의견을 판단하거나 평가하지 않고, 저의 느낌과 욕구를 솔직하게 표현하려고만 했습니다. 철학자 소크라테스의 말이 있습니다. "누군가의 의견을 바꾸려고 하지 마라. 대신 그들이 스스로 생각할 수 있도록 도와라." 상대방을 돕겠다는 마음까지는 없었습니다만 그래도 나름대로 적절한 답을 했다고 믿고 싶습니다. 어쨌거나 다행히 더 이상의 '소란'은 일어나지 않았습니다. 만약 나문희 씨가 제 입장이었더라면 어떻게 대답했을까요. 그것이 알고 싶습니다.

나의 부처님과 너의 하나님

상대방을 함부로 무시하는 사람이 있습니다. 그들은 상대방이 속한 집단과 그들의 문화까지 쉽게 무시하곤 합니다. 하지만 사회는 나와 타인이 함께 사는 공간입니다. 그 공간은 나름의 집단으로 구획돼 있습니다. 집단이란 각 집단의 구성원들이 영위하는 삶의 축소판입니다. 그런 이유에서 다른 집단이란 '내가 살지 못 한 삶을 누군가가 대신 살아낸 곳'입니다. 어른으로서의 진정한 성숙은 자신의 집단 정체성을 유지하면서도 다른 집단의 가치를 인정하고 존중할 때 이루어집니다.

자신이 살지 못 한 삶을 통째로 경험한 사람이 곁에 있다면 그의 경험담을 열린 마음, 감사한 마음으로 받아들이는 게 옳습니다. 하지만 보통 우리는 '내가 살아보지 못 한 남의 삶'에 대해 감사는커녕 거부와 반발의 마음만으로 접근하면서 함부로 말합니다. 받아들이지 못 하겠다면 그냥 조용히 있으면 되는데 무작정 자신의 입장만 앞세웁니다. 자신의 관점과 경험만이 중요하다고 생각하는 태도는, 또 그 태도에서 비롯되는 말투는 어른답지 못 합니다.

어른의 말투는 상대방이 소중히 여기는 걸 더욱 소중히 여길 줄 알아야 합니다. 나와 다른 생각을 하는 사람의 경험도 자기의 것으로 만들면서 성장해야 합니다. 우리는 직접 경험하지 않은 것도 간접 경험을 통해 배울 수 있습니다. 다른 사람의 경험을 열린 마음으로 받아들이고 그로부터 배우려 노력할 때, 더 넓은 세상을 이해하고 더 큰 지혜를 얻을 수 있습니다. 앞서 소개한 나문희 씨 역시 다양성을 인정하고, 차이를 존중하며, 서로의 경험으로부터 배우려 하는 말투를 사용했습니다. 지혜로운 어른입니다.

포용과 공감의 말투를 할 줄 아는 어른이 됐으면 좋겠습니다. 서로 다른 삶의 모습을 인정하고 존중하는 태도, 그것이 우리 사회에 꼭 필요한 지혜입니다. 이는 주변의 다양한 목소리에 귀를 기울이는 것으로 시작하면 됩니다. 서로의 다름을 인정하고 존중하는 어른, 그런 어른이 되는 것, 그것이 시대가 우리에게 요청하는 과제입니다. 일상의 작은 대화에서부터, 삶의 다양한 순간순간마다 포용과 공감의 말투를 갖추려 노력하는 것, 이는 우리가 걸어가야 할 길이자, 어른으로서 우리가 이뤄야 할 변화의 출발점입니다.

> 공감은 하되
> 선은 넘지 말 것 "

우리는 일상에서 수많은 사람과 마주치며 살아갑니다. 카페에서 커피를 주문할 때, 엘리베이터에서 이웃과 마주칠 때, 그리고 직장에서 동료와 회의할 때 등등 상황은 다양합니다. 이때 우리는 각자의 개인적 공간, 즉 '심리적 영역'을 갖습니다. 이 영역은 눈에 보이지는 않지만, 개인의 편안함과 안정감을 위해 매우 중요합니다. 예를 들어 보겠습니다. 예전에 저는 사람들이 왜 이어폰을 꽂고 다니는지 이해하지 못 했습니다. '주변 소리를 듣지 못 해 위험하지 않을까?' '다른 사람과 대화할 기회를 놓치는 것은 아닐까?' 하는 생각도 했었죠. 하지만 이제는 다르게 봅니다. 특히 스마트폰의 보급으로 언제 어디서나 음악을 들을 수 있게 되면서 이어폰은 이제 음악 감상 도구를 넘어 자신만의 공간을 만드는 도구가 됐습니다. 그것이 공공장소라면 더더욱 그렇습니다.

　사람은 자신의 영역을 지키고자 하는 본능이 있습니다. 저도 마찬가지입니다. 때로는 타인의 시선이나 소음에서 벗어나 나만의 세계에 빠지고 싶을 때가 있습니다. 그래 이제 저도 이어폰을 사용합니다. 물론 필요할 때는 이어폰을 빼고 주변과 소통할 준비도 돼 있습니다. 친구와 대화를 나눌 때, 회의에 참석할 때, 가족과 식사할 때 등 그 시간 동안에는 기꺼이 '나의 방어막'을 내려놓고 타인과 교감합니다. 하지만 분명히 저를 지키고 싶은 최소한의 영역은 존재합니다. 프록시믹스Proxemics라는 말을 들어 본 적 있으신가요? 미국의 문화인류학자 에드워드 홀Edward Hall이 제안한 이 개념은 근접학近接學이라고도 하며, 인간과 행동, 소통, 사회적 소통의 관계를 연구하는 학문입니다. 특히 관계를 공간의 관점에서 바라보죠. 이에 따르면 사람들은 대인관계에서 네 가지 거리를 유지한다고 합니다. 친밀한 거리, 개인적 거리, 사회적 거리, 그리고 공적 거리가 그것입니다. 이 개념은 물리적 거리를 넘어, 문화와 개인의 정체성이 공간 사용에 어떻게 반영되는지를 보여 줍니다. 이 개념을 통해 우리는 현대

도시 생활에서 사람들이 어떻게 서로를 대하는지, 특히 어떻게 '거리'를 유지하는지에 힌트를 얻을 수 있습니다. 제가 이어폰을 끼는 행위는 일종의 '사회적 거리'를 만드는 방법이라고 볼 수 있습니다. 타인과의 직접적인 상호작용을 피하면서도 공공장소에 있을 수 있게 해 주는 전략인 셈입니다. 다른 사람과 밀착된 환경에 답답함을 느끼는 건 저뿐만이 아닐 것입니다. 대부분 최소한으로 지키고 싶은, 함부로 세상에 내어 보이고 싶지 않은 각자만의 영역이 있기 마련입니다.

지키고 싶은 자기만의 영역에 누군가가 성큼 들어와 엉망으로 만들어 놓을 땐 영혼까지 혼란해집니다. 내 영역을 침범하는 '누군가'는 친구일 수도, 사랑하는 사람이나 가족일 수도, 혹은 회사의 선배나 후배일 수도 있습니다. 건강한 관계를 위해서는 자신의 경계를 지키는 동시에 타인의 경계를 존중하는 것이 필수입니다. 상대방의 영역을 무시하거나 침범하는 것은 관계에 큰 악영향을 미칠 수 있습니다. 말투 역시 마찬가지입니다. 상대방의 영역에 대한 존중이 필요한 이유입니다. 실제로 상대방의 영역을 존중하는 말투는 어른스럽습니다. 어른다운 말투를 구사하는 사람은 누군가를 향해 그 누군가의 영역을 함부로 침범하는 말을 쉽게 내뱉지 않습니다. 자신의 영역을 지키는 것 이상으로 상대방의 영역을 지켜 줄 줄 아는 사람과는 가까이하고 싶은 마음이 듭니다. 그런 사람은 그 자체로 품격 있어 보입니다. 진정한 어른처럼 느껴집니다. 나의 영역을 지켜 주는 누군가라면 저도 기꺼이 마음을 열 것 같습니다.

잘 알지도 못 하면서

선글라스도 마찬가지입니다. 예전에 저는 사람들이 왜 선글라스를 끼는지 이해하지 못 했습니다. 심지어 '얼굴이 못생겨서 커다란 선글라스로 가리려는 거지, 뭐.'라고 생각한 적도 있었죠. 하지만 이젠 그렇지 않습니다. 코로나 시대를 거치면서 마스크를 일상적으로 사용한 경험이 있어서인지, 선글라스를 종일 쓰고 다니고 싶을 때가 종종 있습니다. 그게 공적인 공간이라면 더더욱 그렇습니다. 사람은 자신이 잘 모르는 누군가의 시선에서 벗어나고자 하는 본능이 있습니다. 함부로 저를 처다보며 자기 마음대로 판단하는 누군가가 불편하기 때문입니다. 물론 필요할 때 선글라스를 흔쾌히 벗을 준비는 돼 있습니다. 나의 마음을 알아 주는 선후배와 이야기할 때, 나와 취미를 공유하는 동료들과 함께할 때, 내가 가장 사랑하는 가족, 그리고 친척들과 마음 편한 대화를 나눌 때, 그 시간 동안은 얼마든지 선글라스를 벗고 서로의 눈을 바라보며 거리를 좁히고 대화를 나눌 것입니다.

자기 노출 조절 이론Self-Disclosure Regulation Theory에 따르면, 사람들은 관계의 친밀도에 따라 자신을 노출하는 정도를 조절한다고 합니다. 즉, 가까운 사람에게는 더 많은 걸 내보이고, 그렇지 않은 사람에게는 자신을 보호하려 한다는 것이죠. 선글라스를 벗고 대화를 나누는 행위는 상대방에 대한 신뢰와 친밀감의 표현이라고 볼 수 있습니다. 저는 제 주변을 각자의 영역을 존중하는, 품격 있는 말투와 태도를 가진 사람들로 채우고 싶습니다. 타인에게 자신의 잣대를 함부로 들이대는 사람은 어른이라고 생각하지 않습니다. 상대방에 대한 존중의 말투, 그것이 바로 진짜 어른의 말투입니다. 간디의 말에서 저는 상대방을 존중하는 진정한 어른의 말투를 만났습니다. 다음에 소개하는 세 개의 짧은 문장을 읽고 직접 음미해 보시길 바랍니다.

① 당신이 세상에서 보고 싶은 변화 그 자체가 돼야 합니다.

② 눈에는 눈으로 대응하면 온 세상이 눈멀게 될 뿐입니다.

③ 행복은 생각하는 것, 말하는 것, 행동하는 것이 조화를 이룰 때 옵니다.

①은 우리가 타인에게 기대하는 것을 먼저 실천해야 한다는 의미입니다. 우리가 먼저 타인을, 타인의 영역을 존중하고 배려하는 모습을 보인다면, 그것이 주변 사람들에게도 영향을 미쳐 더 나은 관계와 사회를 만들 수 있을 것입니다. 내가 듣고 싶은 말을 먼저 할 수 있어야 합니다. 내가 어른답게 말하지 않으면서 상대방이 어른답게 말할 것을 기대하는 건 망상입니다.

②를 통해서 우리는 타인의 행동이나 말에 즉각적으로 부정적인 반응을 하기보다는, 잠시 멈추고 그 사람의 관점에서 이해하려 노력하는 태도의 중요성을 배울 수 있습니다. 좋은 말이 가야 좋은 말이 옵니다. 하지만 다소 아쉬운 말을 들었더라도 거기에 즉시 더 아쉬운 말로 보복하려는 태도는 버려야 합니다.

③에서는 우리의 생각, 말, 행동을 일치시키는 것이 얼마나 중요한지 알려 줍니다. 타인의 영역을 존중하는 건 겉으로 보이는 행동이나 말에 그치는 것이 아니라, 우리의 내면적 태도와도 일치해야 함을 의미합니다. 말투는 결국 우리의 행복을 형성하는 기반이 됩니다.

간디의 말을 감히 제가 요약해 보겠습니다. "말하기 전에 상대방의 마음을 헤아려 보세요." 상대방의 물리적 영역을 존중하는 것을 넘어, 그의 내면적 상태와 감정까지도 고려할 줄 아는 어른이 되고 싶습니다. 그러기 위해서는 말하기에 앞서 내 말이 상대방에게 어떤 영향을 미칠지, 어떤 감정을 불러일으킬지 미리 생각해야 합니다. 깊은 차원의 존중과 배려를 언어로서 실천하는 어른이 돼야 합니다. 이렇듯 어른다운 언어의 사용은 상대방의 마음을 이해하고 존중하는 것에서 시작됩니다. 타인의 마음을 존중하는 것이 결국 나 자신을 존중하는 일입니다.

언어 환경을 관리하라

"

성인이 돼 자신의 말투가 마음에 들지 않을 때 그 원인을 부모님 탓으로 돌리는 경우를 종종 봅니다. 변명을 위한 변명으로 들릴 때가 많지만 그분들의 마음도 조금은 이해합니다. 아이들에게 부모란 막강한 권위를 지닌 롤모델이기—긍정적이든 부정적이든 관계없이— 때문입니다. 아리스토텔레스가 '인간은 모방하는 동물'이라고 했듯 우리의 언어 습득 과정은 학습이 아닌, 주변 환경과의 상호작용을 통한 복잡한 모방의 과정입니다. 특히 부모의 언어는 아이의 첫 번째 '텍스트'가 돼 언어적 세계를 형성합니다. 부모와 같이 영향력 있는 존재의 언행은 아이들의 말투에 지대한 영향을 미칩니다. 우리의 말투 역시 이런 과정을 통해 형성됐을 것입니다. 한 여성의 이야기입니다.

"생각해 보면 엄마의 말투가 제 말투에 영향을 끼친 것 같아요. 엊그제 있었던 일이에요. 회사 후배가 영양제를 잘못 산 것 같다며 울상을 짓더라고요. 구매평을 꼼꼼히 읽고 샀는데 택배를 받은 후에 의사들이 운영하는 유튜브 채널에서 보니 흡수가 잘 되지 않는 제품이었다고 추천하지 않는다는 말을 들은 거죠. 저는 단호하게 반응했습니다. '그래? 네가 잘못 샀네. 먹지 마.' 후배는 어두운 표정으로 저를 보더라고요. '아차!' 했습니다. 위로하지는 못 할망정 핀잔을 주다니. 저는 늘 누군가 질문을 하면 부정적인 반응으로 답을 했던 것 같아요. 그런데 돌이켜보면 저희 엄마의 말투도 그랬어요. 하루는 학교에 갔다가 집에 돌아왔는데 엄마가 밥을 먹으라고 하는 거예요. '친구랑 점심때 파스타를 먹어서 지금은 좀⋯⋯.' 그러면 '그래? 그럼 먹지 마.' 하고 냉정하게 말씀하셨어요. 그 말투를 지금 제가 그대로 따라 하고 있고요."

다행인 건 이분이 후배에게 한 자신의 말이 냉정했음을 알아차리고 또 후회하고 있다는 점입니다. 그는 "흡수가 안 된다고? 영양제가 그럴 리가 있나! 흡수가 잘 되게 먹는 방법이 분명 있을 거야. 다른 방법으로 먹어 보면 어떨까?"라고 말했어야 한다는 걸 늦었지만 깨달았고, 다음 기회에는 반복된 실수를 저지르지 않겠다고 다짐했습니다. '검토되지 않은 삶은 살 가치가 없다.'라는 말이 있습니다. 이분은 자신의 말투를 꼼꼼히 검토하면서 자신의 인생을 잘 설계할 준비가 돼 있었습니다. 물론 '이건 이래서 안 되고, 저건 저래서 안 되고.'라는 식의 말투가 상당 기간 그를 지배할 것입니다. 그러나 고치려는 의지 역시 강하기에 언젠가는 멋진 어른의 말투를 능숙하게 구사할 수 있으리라 기대합니다.

당신의 말투는 어떤가요? '아니면 말라.'라는 식의 흑백논리와 부정적인 인식이 가득한 말투는 아닌가요? 고치는 게 만만치는 않을 것입니다. 실제로 무의식적으로 반복되는 언어 사용, 즉 언어 습관은 한번 형성되면 쉽게 바뀌지 않습니다. 왜냐하면 그것은 단순한 언어 이상의 것으로, 한 개인의 사고방식과 가치관까지 반영하기 때문입니다. 언어 습관을 바꾸는 일은 자기 자신을 변화시키는 일과 다름없기에 쉽지 않습니다. 하지만 더 나은 미래의 나를 위해서라도 말투는 어떻게 해서든 변화의 대상으로 삼아 개선해야 합니다. '당신의 믿음이 당신의 생각이 되고, 당신의 생각이 당신의 말이 되고, 당신의 말이 당신의 행동이 되고, 당신의 행동이 당신의 습관이 됩니다.'라는 말이 있듯이 말투는 결국 우리의 전반적인 삶에 영향을 미치기 때문입니다.

부정적·비관적인 사람으로부터
내 언어 지키기

주변 사람들이 어떤 말투를 쓰는지 살펴보고 가능한 한 품격 있고 긍정적인 말투를 사용하는 사람 곁에 있는 것이 좋습니다. 우리는 개인을 둘러싼 언어적 자극의 총체인 언어 환경을 잘 가꿀 필요가 있습니다. 어떤 언어 환경에 자신을 노출할 것인가는 매우 중요한 선택입니다. 부정적이고 수동적인 어휘를 사용하는 사람과의 대화는 줄여야 합니다. '욕하면서 닮는다.'라는 말이 괜히 있는 게 아닙니다. 싫건 좋건 가까이 있는 사람의 모습을 나도 모르게 닮게 되거든요. 우리의 언어 환경을 선택하는 건 곧 우리의 정신적 건강과 성장, 그리고 말투를 위한 중요한 결정입니다. 플라톤의 '동굴의 비유'처럼, 우리는 때때로 우리를 둘러싼 언어적 환경이라는 '동굴'에서 벗어나, 더 넓은 언어의 세계를 경험할 필요가 있습니다.

어른의 말투와 동떨어진 말투를 가진 사람이라면 적당

한 거리를 두는 것이 정답이 될 수 있습니다. 자기 보호를 위한 전략 중 하나입니다. 우리의 심리적 에너지는 한정돼 있습니다. 부정적인 영향으로부터 자신을 보호하는 건 건강한 자아를 유지하기 위한 필수 조건입니다. 관계를 완전히 끊으라는 뜻이 아닙니다. 다만 부정적 영향을 최소화하면서, 긍정적 변화를 위해 노력하는 지혜가 필요하다는 것입니다. 고대 그리스 철학자 에피쿠로스의 '정원' 개념이 떠오릅니다. 에피쿠로스는 친구들과 함께 도시의 번잡함을 피해 정원에서 철학을 논하며 살았답니다. 이처럼 우리도 때로는 부정적인 언어 환경에서 벗어나, 우리만의 '언어적 정원' 혹은 '말투의 화원'을 가꾸는 것이 필요할 수 있습니다. 이는 도피가 아니라, 더 나은 자아와 세계를 위한 적극적인 선택입니다.

최소한의 노력이라도 해 보는 게 맞습니다. 어항 속 물이 오염됐을 때 깨끗한 물을 부어 정화하는 것처럼, 좋은 말투를 많이 접하는 기회를 늘려야 자연스럽게 나쁜 말투를 버릴 수 있습니다. 자기의 내면을 들여다보고 객관적으로 평가하는 과정을 통해 자신의 언어 습관을 인식하고, 변화의 필요성을 깨달은 후 의식적 연습, 즉 좋은 말투를 의도적으로 사용하려 노력함으로써 우리는 새로운 언어 습관을 형성해 나갈 수 있습니다. 구체적인 연습 방법으로는 다음과 같은 것이 있습니다.

첫째는 나 스스로 고치는 방법입니다. 매일 저녁 5~10분 동안 그날 들었거나 사용한 언어를 돌아보는 시간을 갖고 말투 일기를 써 보세요. 일기를 쓰면서 긍정적이고 건설적인 표현을 기록하고, 부정적이거나 수동적인 표현들은 어떻게 바꿀 수 있을지 고민해 보면 좋겠습니다. 그러다 보면 스스로 내 언어 습관을 객관적으로 관찰하고, 개선시킬 수 있습니다.

11월 30일

- 오늘의 긍정적인 표현: 우리 함께 노력하면 반드시 해낼 수 있어!
- 오늘의 고쳐야 할 표현: 이건 절대 안 돼. → 이렇게 해 보면 어떨까?

둘째는 주변의 언어 환경을 정화하는 것입니다. 일주일에 한 번, 자신의 SNS 피드, 구독하는 유튜브 채널, 자주 방문하는 웹사이트 등을 점검하며 부정적이거나 비난조의 언어를 주로 사용하는 계정이나 채널은 과감히 '언팔로우'하거나 '구독 취소'하되 긍정적이고 건설적인 언어를 사용하는 콘

텐츠를 찾아 구독합니다. 여기에 하나 더하면 네이버 등의 뉴스 기사에 자신이 그동안 어떤 댓글들을 썼는지 한번 확인하는 것도 좋습니다. 감정에 치우쳐 거친 말을 쓰진 않았는지 말입니다.

셋째는 언어 멘토 찾기입니다. 주변에서 긍정적이고 건설적인 언어를 사용하는 사람을 찾아 '언어 멘토'로 삼습니다. 가능하다면 그 사람과 정기적으로 만나 대화를 나눕니다. 그게 어렵다면 그 사람의 말하기 방식을 주의 깊게 관찰하고 배우면 좋겠습니다.

그렇다고 해서 부정적인 말을 사용하는 부모님 혹은 가까운 사람들과 멀어지라는 건 아닙니다. 그분들도 성장기에 이해받거나 사랑받지 못 했기 때문에 좋지 않은 말투를 가지게 된 것일 수 있으니까요. 오히려 그들을 무작정 비판할 게 아니라 이해하는 자세를 가질 줄 알아야 합니다. 나아가 그들의 말투를 수정해 줄 수 있다면 더욱 좋겠습니다. 이때는 물론 지혜가 필요합니다.

타인의 성장 배경과 상황을 이해하면 진정한 공감이 가능합니다. 이런 공감을 바탕으로, 우리는 그들에게 긍정적 영향을 미칠 수 있습니다. 좋은 말투를 사용하는 것 자체가 하나의 강력한 메시지가 될 수 있기 때문입니다. 말투는 어떤 언어 환경에서 성장해 왔는지를 보여 주는 거울입니다.

동시에 어떤 언어 환경을 만들지를 결정하는 도구임을 잊지

않길 바랍니다.

감정적 공감이
논리적 이해를 이긴다

"

중국 고전 《서경書經》에 등장하는 중국 황제와 신하의 대화가 흥미롭습니다. 중국은 고대 왕국 시절부터 왕 옆에는 사관이 있어 왕의 언행을 기록했다고 합니다. 제가 흥미롭게 본 건 중국 최고의 임금으로 칭송받는 요임금에 관한 다음 이야기입니다.

요임금이 신하들에게 "누가 내 뒤를 이을 만한가?"라고 물었다. 한 신하가 "임금님의 첫째 아들 주가 똑똑합니다."라고 하자, 요 임금은 이렇게 답했다. "아! 하지만 그 아이는 근면하지 못 하고 경솔하구나." 이어 요임금이 다시 묻자, 또 다른 신하가 "공공이 백성의 지지를 받고 있습니다."라고 말했다. 그러자 요임금은 "아! 그 아이는 말 빼고는 별로구나." 하며 탄식했다.

별로 재미있지 않다고요? 얼핏 심심하게 느껴지는 이 이야기에서 저는 두 가지를 눈여겨보았습니다. 첫째, 신하들이 요임금의 뒤를 이을 사람으로 그의 아들을 추천하는데도 요임금은 겸허하게 아들들의 단점을 지적하며 왕위 계승을 사양하고 있는 점입니다. 둘째, 요임금은 신하들의 의견에 귀 기울이되, 매번 "아!" 하며 감탄사를 먼저 던집니다. 이게 핵심입니다. 상대방 의견에 경청하고 공감하는 긍정의 태도를 보인 것입니다. 신하들의 말에 이렇다 저렇다 말하기전에 일단 긍정 가득한 감탄의 한마디로 시작하는 요임금은 대화하는 법을 아는 사람이었습니다. 요임금의 대화 방식, 특히 "아!"라는 감탄사로 시작하는 모습은 신하의 체면을 지켜 주면서도 사회적 유대를 강화하는 역할을 합니다. 어른다운 소통의 자세를 보여 주는 사례입니다. 상대의 의견에 귀 기울이고 적극적으로 호응하는 요임금의 감탄과 같은 말들은 건강한 관계의 토대입니다.

그런데 우리는 어떤가요. 대화할 때 상대방의 감정보다 자신의 생각을 먼저 드러내곤 합니다. 예를 들어 보겠습니다.

남자 | 오늘 저녁에 데이트하자.

여자 | 오늘은 회사 일로 좀 피곤해서…….

이럴 때 남자가 "넌 다 네 맘대로야! 내 마음은 안 중요하지?"라고 부정적으로 받아치면 어떻게 될까요? 여자 또한 "내가 피곤하다고 했잖아. 넌 왜 자꾸 네 입장만 내세우는 거야?"라며 맞받아치게 된다면요? 이 상황을 타개할 실마리는 다시 요임금의 대화법에서 찾을 수 있습니다. 요임금은 신하의 말에 "이보쇼. 걔는 똑똑하기만 하지 성실과는 담을 쌓은 놈이오. 말만 번드르르한 거, 모르고 그 녀석을 추천하는 거요? 신하가 이 모양이니 나랏일이 잘 될 턱이 있나……. 아이고, 내 팔자야!"라고 하지 않았습니다. 구구절절 자신의 소신만 늘어놓는 것이 아니라, 먼저 상대의 마음을 살피고 공감하는 자세를 견지했기에, 거기에 더해 "아!"라는 감탄사를 함께 표현했기에 원활하게 의사소통할 수 있었습니다. 앞의 연인에게도 요임금의 대화법을 적용해 보겠습니다.

남자 | 오늘 저녁에 데이트하자.

여자 | 아! 좋다! 그런데 나 오늘은 회사 일로 좀 피곤해서…….

남자 | 아! 오늘 힘든 하루였구나. 그럼 오늘은 푹 쉬어.

"아!"와 함께 긍정과 공감의 한 문장이 더해졌을 뿐인데 대화에 애정이 듬뿍 담겼습니다. 어렵게 생각하지 말고, 일단 상대방의 말에 감탄사로 받는 연습부터 해 보면 어떨까요.

아! 그렇구나!

그동안 어떻게 말해 왔나요? 상대의 감정에 귀를 기울이기보다 "네가 먼저 그랬잖아." "그런 식으로 말하지 마." 하는 식으로 문제의 원인을 상대에게 돌리진 않았나요? '소통'보다는 '독백'에 가까웠던 우리의 말들, 아쉽습니다. 상호 이해와 공감은 실종된 채, 말로 상처를 주고받는 악순환이 반복돼 온 것은 아닌지 돌아볼 일입니다. 내가 품격 있는 대우를 받고 싶다면, 나부터 상대를 향해 경청하고 공감하는 자세를 보여야 합니다.

안타깝게도 저 역시 과거에는 누군가의 의견에 진심으로 귀 기울이지 못 했습니다. 상대의 장점은 외면한 채 약점만 파고드는 데 급급했던 것이 사실입니다. 늦었지만 지금이라도 제 말투를 바로잡고 싶습니다. 우선 제 말투와 함께 주변에서 들리는 말투를 취사 선택할 때도 신경을 쓰고자 합니다. 예를 들면 이런 말들입니다.

- 초딩이니? 어떻게 그런 생각을 하니?
- 너만 힘드니? 나도 힘들어.
- 하라면 하지 왜 이렇게 말들이 많아?
- 당신, 잘못될 줄 알았어.

품위를 잃은 채 일방적 훈계와 질타를 쏟아내는 말투는 거부하겠습니다. 정작 소통해야 할 상대방에 대한 이해는 뒷전인 채, 오로지 '내 말'만 앞세우는 말투를 혐오하겠습니다. 폭력적이면서도 일방적인 말투는 성숙한 어른의 말투가 아니기 때문입니다.

- 와! 그렇구나! 내가 생각한 것과 약간 다르긴 한데…… 같이 한번 생각해 보자.
- 아하! 네가 지금 어려움을 겪고 있구나. 나도 언젠가 비슷한 문제가 있긴 했어. 들어 볼래?
- 아, 미안해! 갑자기 내가 무리한 부탁을 했네? 나도 갑자기 소식을 들어서 그랬어.
- 그런 일이 있었구나. 더 좋은 일이 있겠지! 내가 도울 일이 있으면 언제든지 말해 줄래?

훨씬 부드럽고 따뜻한 느낌이 들지 않나요? 상대의 처지를 공감하고 이해하려는 노력이 엿보입니다. 이쯤에서 소통을 위해 우리가 익혀야 할 기술을 하나 알아보면 좋겠습니다. '능동적 청취'와 '나-전달법'입니다.

'능동적 청취'란 고개를 끄덕이며 맞장구를 치는 등 경청하는 태도를 보이는 것을 말합니다. 상대방이 말할 때 시선을 마주치고 호응하면 그것만으로도 화자는 존중받는다는 느낌을 받게 됩니다. 개인의 고유한 경험과 감정을 존중하며, 섣부른 판단은 피하는 자세로, 상대방을 이해하려는 노력을 보여 주는 생각이자 말투입니다.

듣기는 상대방을 향한 관심의 표현입니다. 오죽하면 '경청은 사랑의 첫 번째 징후다.'라는 말도 있을까요. 우리에게는 두 개의 귀와 하나의 입이 있습니다. 그러니 그만큼 더 많이 듣고 적게 말할 줄 알아야 합니다.

'나-전달법' 역시 기억해 둘 만한 소통의 기술입니다. "당신은 항상 그런 식이에요."처럼 상대를 비난하기보다는 "당신이 그렇게 말하니 내 마음이 아파요."같이 자신의 감정을 솔직하게 표현하는 방식인데 이는 자신의 생각을 전하면서도 상대의 감정을 건드리지 않는 현명한 대화법입니다. 상대방의 약점, 결점을 굳이 말하지 말고, 그렇다고 해서 갑자기 강점을 이야기하는 것도 어색하다면, 나의 감정을 솔직하게 표현하는 데서 시작하세요. 나도 자유로워지고, 상대도 편안해지는 길입니다. 자신의 감정에 정직해지는 게 타인과의 관계에서도 정직해지는 첫걸음이란 걸 기억한다면 자신의 감정을 드러내는 것도 충분히 해 볼 만한 소통의 기술일 것입니다. 다만 표현 방식이 거칠어서는 곤란하다는 사실 잊지 마세요.

저마다 생각과 처지가 다르기에 갈등은 필연적이지만, 적어도 대화할 때만큼은 상호 이해와 소통을 도모할 수 있어야 합니다. "학교에서 오늘 발표를 했는데, 긴장해서 잘 못했어요."라는 아이의 말에 "그랬구나. 발표하는 게 쉽지 않지. 어떤 점이 가장 어려웠니?"라고 말할 줄 아는 어른이 돼야 합니다. 가정에서만이 아닙니다. "이번 프로젝트, 마감일을 맞추기가 너무 힘들 것 같아요."라는 팀원의 말에 "그렇게 느끼는 이유가 있겠네요. 어떤 부분이 특히 어렵나요? 함께 해결 방안을 찾아볼까요?"라고 응답할 줄 아는 팀장, "요즘 들어 자꾸 우울해져. 뭐가 잘못된 건지 모르겠어."라는 친구의 말에 "그런 기분이 들다니 힘들겠다. 네가 어떤 상황인지 더 자세히 말해 줄래? 내가 들어 줄게."라고 할 줄 아는 친구가 바로 당신이길 기대합니다.

현대 사회에서는 감정을 적절히 관리하고 표현하는 능력이 중요한 사회적 기술이 됐습니다. 팀장이나 친구의 말에 공감하는 것 또한 사회적으로 요구되는 정서 노동의 한 형태입니다. 이는 직장이나 개인적 관계에서 원활한 상호작용을 촉진하고 사회적 유대를 강화하는 역할을 합니다. 세대와 계층을 아우르는 원활한 소통이 어느 때보다 절실한 이때 먼저 경청하고 공감하면서 말할 줄 아는 어른의 말투에 익숙해지길 바랍니다.

10가지 해결책보다
괜찮다는 말 한마디

"

듣고 싶은 말이 있어 대화를 시작했는데 엉뚱한 답변만 나올 때 너무나 슬퍼집니다. 비난이나 강요, 빈정댐 같은 부정적인 말은 당연히 듣기가 싫습니다. 하지만 그보다 더 힘든 건 아무런 반응도 얻지 못 한 경우입니다. "아프다." "힘들다." 하면 "어디가 아파?" "어려운 건데 잘 참고 견디는 게 대단해!"라는 말을 듣고 싶지, "그래서 어쩌라고?"라는 대답을 듣고 싶지는 않을 것입니다. 인간관계는 자기 개방의 폭과 깊이에 따라 발전하기에 상대방이 자신의 취약한 면을 드러냈을 때, 이에 공감하고 지지하는 반응을 보이는 게 중요하다는 걸 안다면, 어른의 말투는 조심스러워야 할 것입니다.

위로가 필요한 순간에 냉담한 반응만 돌아온다면, 상대는 좌절하고 관계에 신뢰가 떨어질 수밖에 없습니다. 관계의 본질은 상호 인정과 성장입니다. 우리는 타인과의 관계 속에서 자아를 형성하고 발전시키게 되는데 이때 공감과 지지의 부재는 단순한 감정의 문제를 넘어, 개인의 존재론적 성장을 저해하는 요인이 될 수 있습니다. 대화도 일종의 교환입니다. 인간의 사회적 상호작용을 비용과 보상의 관점에서 바라본다면 인간관계에서 자신의 노력과 투자에 상응하는 보상을 기대하는 건 지극히 당연합니다.

진솔하게 마음을 털어놓았음에도 불구하고 돌아오는 게 무관심과 냉대뿐이라면, 그 관계를 지속하고 싶은 동기가 사라지지 않을까요? 건강한 관계란 서로에게 긍정적인 가치를 제공하는 '호혜적 교환'이 이뤄지는 관계라 할 수 있습니다. 대화가 교환이라니, 조금 어색할 수 있습니다. 하지만 사회생활을 하면서 이런저런 말들에 상처받을 때마다 '무조건적인 사랑을 주는 엄마의 말투'가 그리운 우리 자신을 스스로 돌아보면 틀린 말도 아닙니다.

어렸을 적 배 아프다고 투정을 부리면 "네가 왜 이렇게 배가 아픈 줄 알아? 그건 불량식품을 자꾸 사 먹었기 때문이야!"라고 우리의 어머니들은 말씀하시지 않았습니다. 대신 몸 여기저기에 손을 대면서 "여기가 아파? 아니야? 그럼 어디? 여기?" 하면서 아픈 부위를 찾아 헤매셨죠. 생애 초기에 양육자와 형성한 애착 유형이 이후의 대인관계 패턴에 지대한 영향을 미치게 되는데 부모로부터 받았던 사랑을 떠올리며 부모의 말투와 같은, 따뜻한 누군가의 말투를 그리워하는 것인지도 모르겠습니다.

"말에는 에너지가 있다."라는 이야기가 있습니다. 저는 이 말을 믿습니다. 그래서 누군가에게 위로를 건넬 때 어떻게 하면 그 사람에게 시련을 이겨 내도록 힘과 지혜까지 줄 수 있을지 고민하려고 노력합니다. 힘들다는 말에 "힘내."라고, 아프다는 말에 "아프지 마."라고 기계적으로 답하는 게 아니라 진짜 도움 되는 한마디를 건네고 싶습니다. 언어에는 실제로 행위를 수행하는 힘을 지녔다고 믿기 때문입니다.

형식적인 위로가 아닌, 상대의 처지에 깊이 공감하는 태도에서 우러나온 말이야말로 힘든 이에게 삶의 용기를 북돋아 주는 어른의 말투입니다. 겉으로 드러난 아픔뿐 아니라 그 이면의 욕구와 가능성을 읽어 내는 민감함, 상대의 힘을 믿어 주는 따뜻한 시선이 필요한 이유입니다. 어른의 말투를 팩트fact 위주의 냉정함으로만 생각한다면 그건 착각입니다. 어른의 말투일수록 팩트가 아닌 감성을 먼저 생각하는 것이어야 합니다.

우리에게도 잘 알려져 있는 미국의 유명 방송인 오프라 윈프리Oprah Winfrey는 자신의 이름을 단 토크쇼를 진행하며 게스트의 이야기를 경청하고 깊이 공감해 큰 사랑을 받고 있습니다. 단순히 듣는 것이 아니라, 상대방의 이야기에 감정 이입하고 진심 어린 적절한 반응을 보입니다. 예를 들어, 어려운 상황을 겪은 게스트에게 "그런 일을 겪으셨군요. 정말 힘들었겠어요." "이 악물어야 해요. 세상은 원래 고통스러운 거예요!" 하지 않습니다. 팩트보다 공감의 언어를 먼저 사용합니다. "그 이야기를 들으니 제가 다 화가 나요! 뭐 그런 사람이 다 있죠!"처럼 말이죠.

타로점이 인기 있는 이유

요즘 젊은 세대들 사이에 타로점을 그렇게 유행이라고 합니다. 그들이 타로점에 열광하는 이유는 무엇일까요. 불확실성의 시대에 의지할 곳이 필요해서일까요? 저는 추측해 봅니다. 일상에서 수없이 많은 아픔을 겪는 젊은 친구들이, 일상에서는 오로지 "안 돼!"라는 말만을 듣게 되는 젊은 세대가, "괜찮아."라는 이 한마디를 듣고 싶어서 '내돈내산'으로 타로점을 보러 가는 게 아닐까, 하고 말입니다.

　타로점에 대한 현대인의 의존은 단순한 미신이 아니라, 실존적 불안의 표출입니다. 우리는 누구나 자유와 책임의 무게 앞에서 두려움을 느낍니다. 타로점은 이런 불안을 일시적으로 완화하고, 삶의 의미를 찾으려는 노력인 셈입니다. 이는 현대 사회에서 개인이 느끼는 소외와 불안을 반영하는 동시에, 의미를 찾고자 하는 인간의 근본적인 욕구를 보여 줍니다.

　타로집에서 "더 나빠질 게 없다." "괜찮다." 하는 얘기를 들으며 세상과 다시 마주할 용기를 얻는 사람들, 저는 나쁘지 않다고 생각합니다. 누군가에게 객관적이고, 사실적이며, 팩트 위주로 말하는 것이 더 우월하다고 여기는 우리가 반성해야 할 대목입니다. 어려운 상황에 놓인 사람들은 엄청난 결과, 근사한 미래를 꿈꾸는 게 아닙니다. 그저 자신의 상황을 진지하게 받아들여 주는 한마디를 원하는 것입니다. 그 뻔한 "괜찮아. 잘될 거야."라는 긍정의 한마디가 그토록 큰 힘이 되는 이유입니다. 타인의 고통을 인정하고 받아들이는 것이 윤리적 책임의 시작점이 되는 것처럼 "괜찮아."라는 말은 이런 철학적 태도를 일상의 언어로 표현한 것이며, 이는 타인의 존재를 인정하고 그의 고통에 함께 참여하겠다는 윤리적 선언이 될 수 있습니다.

어른의 말투는 상대방의 상황과 감정 전체를 온전하게 긍정하는 것이어야 합니다. 상대의 모습이 삶에 대한 변명, 무작정의 위로 요구라고 보일지라도 그것조차 인정하고 또 이해하는 말투를 갖춰야겠습니다. "내가 옆에 있으니까 힘내!"라는 든든한 말 몇 마디로 상대가 계속해서 앞으로 나아갈 힘을 얻는다면, 꽤 괜찮은 모습 아닐까요. 여기에서 조금 더 나아가 봅니다. 어려운 상황에 놓인 누군가에게 "괜찮아!"라고 말하고 끝나는 것만으로 조금 아쉽다면 이렇게 말하면 더 좋겠습니다. "나는 늘 너와 함께 있을 거야. 너는 절대 혼자가 아니야."

이런 사람, 우리 옆에 있으면 좋겠습니다. 하지만 기다리기보다는 우리가 먼저 이런 말을 건네는 사람이 되어 보는 건 어떨까요. 독일계 미국 철학자 에리히 프롬Erich Fromm은 "사랑은 상대방의 성장과 행복에 적극적인 관심을 갖는 것이다."라고 말했습니다. "함께 있겠다."를 넘어서 상대방의 발전과 행복을 진심으로 바라는 마음을 말로 전달할 때 비로소 우리는 진정한 어른의 말투를 갖게 됐다고 자부할 수 있을 것입니다.

SUMMARY

이성으로 생각하고 감성으로 말하는 법

실천 24 - 말은 적게 하되 소탈하고 품격 있는 언어를 사용하세요

* 많은 말을 하고, 대화를 나눴다고 가까워지는 건 아닙니다. 사람들은 소탈하고 품격 있는 말투를 구사하는 사람에게 끌립니다.

실천 25 - 나와 다른 의견도 하나의 의견으로 인정해 주세요

* 나와 다른 의견을 가진 사람은 어디에나 있기 마련입니다. 차이가 있기에 세상은 더 풍요로워진다는 걸 기억하고 나와 다른 의견을 존중해 주세요.

실천 26 - 진정으로 이해하고 공감한다면 선을 넘지 마세요

* 현대인들에게는 자기만의 영역이 필요합니다. 함부로 판단하기보다는 그 사람의 상황을 이해하고 공감하며 그 영역을 지켜 주세요.

실천 27 - 내 언어 환경을 관리하세요

* 관계는 대화로 이뤄지기 때문에 언어는 서로가 서로에게 영향을 줍니다.

* 언어 환경을 관리하는 방법은 세 가지입니다. 첫째는 스스로 관리하는 방법으로 말투 일기를 추천합니다. 둘째는 주변 환경을 정화하는 방법으로 유해한 SNS을 끊으세요. 셋째는 언어 멘토를 찾고 따라 해 보는 것입니다.

실천 28 - 대화를 공감으로 시작하세요

* "아! 그렇구나!" 하는 공감의 한마디가 대화의 흐름을 유연하게 바꿉니다.

실천 29 - 해결책을 제시하기 전에 괜찮다고 말해 주세요

* 어려움을 겪는 사람에게는 괜찮다는 위로의 말을 먼저 해 주는 게 좋아요. 해결책을 함께 찾아 주는 것도 중요하겠지만 해결책은 마음이 단단해지면 스스로도 찾을 수 있어요. 정말 필요한 건 위로일 때가 많습니다.

부록

실전편

어떤 좋은 말들도 내 것이 돼 쓰이지 않으면 아무 소용이 없습니다. 내 언어 습관에는 어떤 변화가 필요하고, 그 변화를 위해서는 어떻게 꾸준히 실천해 나가면 좋을지 정리해 보는 시간을 가지면 좋겠습니다.

> 어른의 말투를
> 온전히 내 것으로
> 만드는 법
>
> 99

　　자신을 잘 가꾸고 일에서도 제법 인정받는 한 회사의 여자 팀장님이 있습니다. 그에겐 고민이 하나 있었습니다. 말투나 어휘가 어른스럽지 못 하다는 것입니다. 최근 "외모와 다르게 깬다."라는 말까지 들어서 이것 때문에 자신의 가치가 떨어지는 기분이었다고 합니다. 나이는 비슷한데도 말에 품격이 느껴지는 동료를 보면 그렇게 부러울 수가 없습니다.

　　하이데거가 "언어는 존재의 집."이라고 말했듯 우리의 말투는 우리의 내면세계와 정체성을 보여 줍니다. 언어라는 게 결국 자신의 자아를 세상에 보이는 도구인 셈이죠. 이분은 언어적 정체성이 자신이 추구하는 이미지와 다르게 나타나는 게 영 불만이었습니다. "어른답게 말하는 법을 알려 주는 학원이 있다면 다니고 싶다."라고 말할 정도로 이 문제로 크게 고민했습니다. 저는 이분에게 세 가지 조언을 조심스럽게 건넸습니다.

첫째, "목소리 톤을 조금 낮추세요." 대화는 경쟁이 아니라 관계 형성을 위한 것입니다. 목소리 톤을 낮추는 것만으로도 따뜻하고 어른다운 말투에 다가갈 수 있습니다. 예를 들어 볼까요. 회의 중 의견 대립이 있을 때는 목소리 톤을 높이기보다는 부드럽고 차분한 어조로 자신의 견해를 전달하는 게 효과적입니다. 고객 상담을 하는 경우 역시 목소리 톤을 조금 낮춰서 친절하고 인내심 있게 응대하면, 고객의 불만을 효과적으로 해소하고 신뢰를 쌓을 수 있습니다. 원래 톤이 높다고요? 그럼 이렇게 연습해 보세요.

매일 아침 거울 앞에서 5분간 낮은 톤으로 말을 해 보는 것입니다. "안녕하세요, 오늘 하루도 좋은 날 되세요."라는 문장을 다양한 톤으로 연습해 보고, 가장 편안하고 따뜻하게 들리는 톤을 찾아보세요. 그리고 여기에 하나 더, 호흡 조절하기 연습도 좋습니다. 깊은 호흡을 통해 목소리 톤을 안정시키는 것입니다. 말하기 전에 항상 심호흡을 한 번 하는 습관을 들입니다. 이는 특히 스트레스 상황에서 감정적으로 말하는 걸 방지하는 데 도움이 됩니다.

둘째, "말하는 속도를 조금만 늦춰 보세요." 말의 속도를 늦추면 실수를 줄일 수 있고, 그런 가운데에서 자연스럽게 여유와 품위가 드러납니다. 또한 생각의 속도를 조절함으로써 자신의 감정도 통제할 수 있습니다. 발표의 순간에 말의 속도를 적절히 조절하면, 상대방은 내용을 더 잘 이해하고 집중할 수 있습니다. 또한 중요한 부분은 좀 더 천천히 설명하면 효과적으로 강조할 수도 있죠. 일상에서 가족과 대화할 때도 마찬가지입니다. 자녀는 부모의 말을 더 잘 이해하고 수용할 수 있습니다. 이건 어떻게 연습할 수 있을까요.

메트로놈을 활용하면 도움이 됩니다. 어렸을 때 피아노를 배운 적이 있다면 메트로놈을 알 것입니다. 템포를 지정해 주면 그에 맞춰 똑딱거리며 정확한 박자를 알려 주는 소형 기계입니다. 말투를 연습하기 위해 굳이 살 필요까지는 없습니다. 요즘에는 스마트폰 애플리케이션으로도 모바일 메트로놈을 이용할 수 있습니다. 이걸 활용해 일정한 속도로 말하는 연습을 해 보세요. 처음부터 너무 자신의 원래 속도보다 늦추면 답답하게 느껴질 수 있으니 단계를 조정하며 점차 말하는 속도를 늦춰 보길 추천합니다. 또 다른 방법으로는 글을 읽을 때 속으로 문장을 끊어 읽는 연습을 하는 것도 좋습니다. 책이나 신문 기사를 소리 내어 읽을 때, 각 문장 사이에 1초간 멈추는 연습입니다. 이를 통해 말하기와 생각하기 사이의 균형을 잡는 연습을 할 수 있습니다.

셋째, "자신의 가치를 낮추는 어휘를 사용하지 않도록 해 보세요." 비속어나 줄임말은 화자의 품격을 떨어뜨립니다. 특히 자녀와의 대화에서는 표준어를 사용하려고 노력해야 합니다. 직장 내에서 동료나 상사와 대화할 때, 비속어나 은어를 사용하기보다는 정중하고 예의 바른 표현을 사용하는 것이 전문성과 신뢰감을 높일 수 있습니다. SNS에 글을 게시할 때도 줄임말이나 맞춤법이 틀린 표현보다는 올바른 언어를 사용한다면 자신에 대한 긍정적인 이미지를 형성할 수 있습니다.

알고 있는 바른 말을 사용하려는 노력에 더해 품격 있는 어휘력을 늘려 보는 건 어떨까요? 같은 표현도 다르게 할 수 있는 새로운 어휘를 매일 세 개씩 익혀 보겠다고 다짐하는 것입니다. 가능하면 그 단어를 사용해 문장을 만들어 보는 것도 좋겠습니다. 또 다른 방법으로 신뢰할 수 있는 동료나 가족에게 자신의 말하기에 대한 솔직한 피드백을 요청할 수도 있습니다. 특히 부적절한 어휘나 표현을 사용했을 때 즉시 지적해 달라고 부탁해 보세요. "지적해 달라."라고 요청할 정도로 용기 있는 당신이라면 어느 순간부터 부적절한 표현은 사라질 것입니다.

내 말투를 디자인하라

이렇게 몇 가지만 주의해도 우리의 언어는 유려하면서도 어른다운 말투에 한결 가까워질 수 있습니다. 최소한 상대방에게 수준 낮은 말투를 구사한다는 인상을 주진 않을 것입니다. 이와 더불어 품격 있는 말투를 구사하는 사람을 롤모델로 삼아도 좋기 때문에 저는 한국의 스타 배우 김희애 씨를 조심스럽게 추천합니다. 그의 인터뷰를 보면, 목소리 톤, 속도, 어휘 선택 등 모든 면에서 정갈하고 우아한 말투를 구사하는 걸 알 수 있습니다. 말의 내용도 멋지고요. 그가 한 인터뷰에서 '인생의 성공에 관해 조언해 달라.'라는 질문에 했던 답변은 어른의 말투의 표본과 같습니다.

"오늘 하루를 충실하게 살아내면 좋지 않을까요? 그게 한 달이 되고, 1년이 되고, 그리고 10년이 된다면, 결국 (자신이 원하는) 그 사람이 되는 것이니까요. 자기가 좋아하는 일을 야금야금, 그러니까 조금씩 해내는 게 결국 큰 것을 이루게 된다고 생각합니다."

이 몇 마디로도 인생을 대하는 그의 태도를 엿볼 수 있습니다. 작은 일부터 착실히 해 나가는 성실함, 그리고 과정을 긍정적으로 바라보는 낙관까지……. 이런 내면의 가치관이 그의 언어에 투영돼 듣는 이로 하여금 감동과 설득력을 주는 것 같습니다. 김희애 씨의 어른다운 인품과 가치관이 말투에 그대로 담겼습니다. 이런 건 배운다고 해서 되는 게 아니라, 내면에서부터 우러나오는 것입니다. 말투의 '디자인'은 외형적 변화가 아니라, 자아실현의 과정입니다. 말투를 의식적으로 변화시키는 건 우리가 되고자 하는 자아를 향한 실존적 선택이며, 이는 우리의 본질을 형성하는 과정이기도 합니다.

어떤 언어를 사용하느냐에 따라 상대방과의 관계, 더 나아가 우리의 인생이 달라질 수 있습니다. 김희애 씨의 말처럼 '오늘 하루를 충실히' 살아가듯, 언어 하나하나에 진심을 담아 소통하려 노력한다면 어느새 우리는 어른다운 말투는 물론 어른다운 인생을 제대로 살고 있게 되지 않을까요. 그리고 나아가 우리도 누군가에게 멋진 어른으로 기억될 것입니다.

오늘부터 우리의 언어에, 우리의 마음에 어른다움을 채워 보는 건 어떨까요. 작은 변화의 시작이 모여 큰 변화를 이루듯, 어른다운 말 한마디가 우리의 인생을 아름답게 물들이리라 믿어 봅니다.

어른의 말투

초판 1쇄 발행 2024년 11월 29일
초판 3쇄 발행 2025년 1월 7일

지은이 김범준
펴낸이 안병현 김상훈
본부장 이승은 **총괄** 박동옥 **편집장** 임세미
책임편집 한지은 **디자인** 김지연
마케팅 신대섭 배태욱 김수연 김하은 **제작** 조화연

펴낸곳 주식회사 교보문고
등록 제406-2008-000090호(2008년 12월 5일)
주소 경기도 파주시 문발로 249
전화 대표전화 1544-1900 **주문** 02)3156-3665 **팩스** 0502)987-5725

ISBN 979-11-7061-208-7 (03190)